PETER HESS
Klangschalen
Für Gesundheit und innere Harmonie

südwest

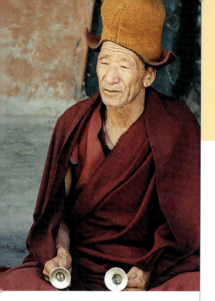

Im östlichen Kulturkreis weiß man schon seit Jahrhunderten um die wohltuenden und heilenden Klänge von Klangschalen, Zimbeln und Gongs.

Inhalt

Vorwort 4

Geschichte und Rituale 6

Die Welt ist Klang –
der Mensch ist Klang 6

Alles strebt nach Harmonie 7

Heilung durch Musik 8

Manipulation durch Klänge 10

Trance und Ekstase – Grundlage
für Heilungsprozesse 12

Wissenswertes über Klangschalen 14

Ursprung der Klangschalen 14

Materialien, Formen,
Größen und Gewichte 15

Neue Klangschalen – in
traditioneller Weise gefertigt 18

Was beim Kauf einer
Klangschale zu beachten ist 24

Reibeklöppel oder Schlägel 27

Bezugsquellen und Preise 28

Pflege der Klangschalen 29

Anwendung der Klangschalen 32

Schwingung und Resonanz –
Grundeigenschaften des Lebens 32

Wasser-Klang-Bilder
von Alexander Lauterwasser 34

Was bei einer Klangmassage
im Körper geschieht 36

Durch Klang
zur Tiefenentspannung 38

Anwendungsbereiche von Klangmeditation und Klangmassage 41

Den eigenen »Klangkörper«
wieder erfahren 43

Affirmationen und Visionen 44

Der Entspannung folgt
die Neuordnung 45

Körperliche Beschwerden 48

Beispiele aus der Praxis 48

Grundprinzipien jeder
Behandlung mit Klangschalen 51

Arbeit mit der Universalschale 53

Schulter- und Nacken-
verspannungen lösen 54

Kopfschmerzen lindern	58
Bluthochdruck senken	59
Verdauungsstörungen beheben	60
Unterleibsbeschwerden behandeln	61
Durchblutungsstörungen regulieren	61
Gelenkbeschwerden behandeln	63

Anwendung in der Partnerschaft 64

Sich gegenseitig unterstützen	64
Gegenseitiges Klanggeschenk	67
Klangmeditation für Partner oder Partnerin	68

Schwangerschaft und Geburt 70

Entspannte Schwangerschaft, entkrampfte Geburt	70
Entwicklung und Reifung	72

Anwendung bei Kindern 74

Klangschalen-Erfahrungen mit Kindern	74
Erfahrungs-, Lern- und Wahrnehmungsspiele mit Klangschalen	76
Klangschalen-Spiele	79
Klangmassage mit Kindern	80
Klang- und Fantasiereisen	81

Klangmassage nach Peter Hess® 82

Therapeut und Klient	82
Individueller Ablauf	83
Basisklangmassage	84

Mit Klangschalen die Aura stärken 86

Die Aura – der schützende Pelz um uns	87
Harmonisierung der Aura durch Klang	89
Körperliche Beschwerden	92
Energiebahnen und Energiezentren	92
Kontaktadressen	94
Register	95
Über dieses Buch	96

Die Klänge der Klangschalen versetzen jede einzelne Zelle des Körpers in eine angenehme Schwingung, die Entspannung und Heilung bringt. Man kann sie zur Förderung der Gesundheit ebenso einsetzen wie zur Partnermassage oder im Wellnessbereich.

Vorwort

Die Klangschale lädt ein zu spielen, zu experimentieren und sich begeistern zu lassen. Nehmen Sie einmal eine Klangschale in die Hand, und tippen Sie sie leicht mit den Fingerkuppen an. Ein wunderschöner, vielfältiger Klang entsteht. Sie sind fasziniert und im Inneren berührt. Gehen Sie mit den Fingerkuppen auf eine Klangentdeckungsreise – Sie erfahren eine Fülle verschiedener Klänge, die Sie der Schale entlocken können, je nachdem, wie und wo Sie die Schale anschlagen.

Die Klangschale wird für Sie zum Instrument, das in allen Variationen gespielt werden will. Sie sind Ihr eigener Komponist und haben die Möglichkeit, in kindlicher Freude schöpferisch zu werden. Sie machen sich auf den Weg, die eigene Kreativität wiederzuentdecken, sie zu entfalten und weiterzuentwickeln. Neugierig und offen tauchen Sie ein in die Vielfalt der Klänge.

Faszination Klangschale

Nun nehmen Sie die Klangschale zusätzlich mit den Augen wahr. Sie sehen, wie sie schwingt, Sie sehen die Klänge förmlich und spüren, wie die Schwingungen in den Handteller hineinfließen. Ein wohltuendes, sanftes Kribbeln breitet sich in der Hand aus. Sie spüren, wie Ihre Hand schwingt, wie sie den Klang genießt. Doch diese von Klang getragene Handmassage geht noch weiter.

Sie erweitern und verfeinern Ihre Wahrnehmung. Die Klänge fließen vom Handteller in das Handgelenk. Sie spüren den Fluss durch den Arm hindurch in den Körper hinein und entdecken Ihren Körper neu, indem Sie das Strömen der Klänge wahrnehmen. Dort, wo Ihre Aufmerksamkeit im Körper liegt, spüren Sie den Klang. Sie spüren, dass verschiedene Körperbereiche mit unterschiedlichen Klängen in Resonanz kommen. Der Körper sucht sich aus der Klangfülle einer Klangschale die Töne, die ihm gut tun und die er braucht.

Anwendung in den verschiedensten Bereichen

Vielleicht ahnen Sie bereits, welche unendlichen Möglichkeiten im Klang liegen, und können sich vorstellen, wie die Klangschale Ihr wohltuender Begleiter im Alltag werden kann.

EINLADUNG ZU EINER ENTDECKUNGSREISE

Dieses Buch will Sie zu vielfältigen Erfahrungen mit der Klangschale anregen und darüber hinaus den Spaß an eigenen weiteren Entdeckungen fördern.

Als ich 1984 meine ersten Erfahrungen mit traditionellen Klängen und mit Klangschalen im nepalesischen Bhaktapur machte, wurde in Deutschland noch kaum von Klangarbeit gesprochen. Ich führte dort eine Reihe von Untersuchungen über die energetische Wirkung von Klängen auf den menschlichen Körper durch. Bereits damals interessierte ich mich auch für die traditionelle Musik und die Rituale der Newar, eine der ältesten Volksgruppen im Kathmandutal.

Bei einer tibetisch-buddhistischen Musikmeditation, einer so genannten Puja, spürte ich die Wirkung der Töne zum ersten Mal am eigenen Leib – im wahrsten Sinne des Wortes. Dieses zentrale Erlebnis brachte mich auf die Idee der Klangmassage mit tibetischen Klangschalen. Seit 1986 habe ich sie mehr und mehr in meine Seminararbeit einbezogen, sodass schließlich eine Vielzahl spezieller Klangmassageseminare sowie Fort- und Weiterbildungen für verschiedene Anwendungsbereiche entstanden sind.

Einfache Entspannungsmethode – und noch viel mehr

Die Methode der Klangmassage ist unmittelbar einleuchtend und kann schnell und einfach erlernt werden. Wer den Umgang mit der Klangschale einmal beherrscht, kann sie bei sich selbst, bei der Familie oder bei Freunden ganz gezielt einsetzen. Dieses Buch, das 1999 zum ersten Mal erschien, möchte Sie dazu anleiten. Meine Methode ist für die Praxis gemacht; als solche entwickelt sie sich durch die vielfältigen Erfahrungen auch stetig weiter. Diese überarbeitete Neuauflage bietet Ihnen einen umfassenden Einstieg in die faszinierende Welt der Klangschalen.

Die Anwendungsbereiche der Klangschalen sind breit gefächert und schließen sowohl die Behandlung von Spannungszuständen, körperlichen Beschwerden und seelischen Problemen als auch Harmonisierung in der Partnerschaft, Geburtsvorbereitung oder die Arbeit mit Kindern mit ein.

Geschichte und Rituale

Der wichtigste Klang in Tibet wird durch das heilige Mantra OM gebildet. Mantras sind durch Worte erzeugte Schwingungen, die nicht erklärbar sind, aber Prozesse der Erneuerung und Heilung auslösen. Aus diesen Urschwingungen sind nach der tibetischen Lehre Welt und Mensch entstanden. Im Hinduismus heißt es »Nada Brahma«, was mit »Alles ist Klang« übersetzt werden kann.

Das heilige Mantra ist durch tägliches Beten sowie in Gebetsmühlen und -fahnen allgegenwärtig. Indem dieses Urmantra ständig erneuert wird, erneuert es auch die Existenz des Universums und des Menschen. Es bringt die Menschen mit sich und dem Kosmos in Einklang, die rhythmische Wiederholung versetzt den Menschen in einen tranceartigen Zustand.

In den heiligen Texten Indiens, den Veden, sind auch die Ursprünge des Heilens mit Klang zu finden. Noch heute hat die heilende Kraft der Klänge in Indien einen so hohen Stellenwert, dass sie auf der Hindu-Universität in Varanasi in Nordindien einen breiten Raum in der Lehre einnimmt.

Die Welt ist Klang – der Mensch ist Klang

Gott formte den Menschen aus Ton, und – so könnte man fortfahren – er verlieh jedem Menschen seinen ureigenen Klang. Diese individuellen Schwingungen machen die jeweilige Persönlichkeit aus. Seit Beginn der Menschheit zeigt diese Grundlage des Seins in Religion und Gesundheitswesen die Möglichkeit auf, wie der Mensch zu Harmonie und Gesundheit gelangt.

Die vor etwa 5000 Jahren in Indien entstandene vedische Heilkunst beruht in erster Linie auf der Wirkung von Klängen. Veden sind die ältesten heiligen Texte Indiens. Sie wurden vor 3000 bis 5000 Jahren geschrieben und beinhalten Schriften mit literarischen Formeln, Hymnen und medizinische Texte.

In der nepalesischen Königsstadt Bhaktapur sind Klänge von so großer Bedeutung, dass es dort eigene Tempel für die Musikgötter gibt, die über die Ordnung der Klänge wachen, damit sich keine Misstöne einschleichen. Nur ein Musiker, der vor dem Musikgott Nasadjo bestanden hat, darf diese heilenden Klänge auf den zahlreichen Festtagen spielen, die der Gesunderhaltung der Bevölkerung dienen.

Der Musiker muss sein Handwerk gut erlernen, um eben jene Misstöne zu vermeiden und damit er kein Unheil durch disharmonische Klänge erzeugt. Er wird dabei von seinem Lehrmeister, dem Guru, begleitet. Die Zwischenprüfungen legt der Schüler bei den einzelnen Musikgöttern ab. Dann endlich kommt der Tag der Hauptprüfung vor dem Gott Nasadjo.

Die gesamte Bevölkerung des Stadtbezirks begleitet den Schüler. Gelingt es ihm, die Menschen durch die Musik in seinen Bann zu ziehen, so gelingt es ihm auch, die Menschen in ihre Mitte, in Einklang mit sich, der Umwelt und dem Kosmos zu bringen und das Göttliche in ihnen zu entwickeln. Wenn er das meistert, hat er die Prüfung bestanden.

Alles strebt nach Harmonie

In Nepal herrscht die Vorstellung, dass ein Mensch, der harmonisch schwingt, auch gesund ist. Schleichen sich bei ihm Misstöne ein, gerät er aus dem Gleichgewicht, aus der Harmonie, und wird krank. Hört ein aus der Harmonie geratener Mensch harmonische Klänge, nimmt er diese gerne auf. Er kommt auf diese Weise wieder in seine Mitte und wird gesund.

Dass alles zur Harmonie strebt, ist eine naturbedingte Gesetzmäßigkeit. Diese Harmonie kann durch starke äußere Einflüsse oder durch die eigene Verweigerung verhindert werden.

Gebetsmühlen sind in Indien, Nepal und Tibet weit verbreitet. Im Buddhismus dient das Drehen der Gebetsmühlen dazu, körperliche Aktivität und geistig-spirituelle Inhalte miteinander zu verknüpfen.

GESCHICHTE UND RITUALE

■ Ein Beispiel aus der Physik macht das natürliche Harmoniebestreben deutlich: Befinden sich zwei baugleiche Penduluhren in einem Raum und schlagen unterschiedlich an, dauert es nur einige Tage, bis beide im Gleichtakt schlagen.

■ Ein weiteres Beispiel: Halten sich mehrere Menschen über einige Tage in einem Raum auf, schlagen ihre Herzen schließlich in einer Gesamtharmonie, im Gleichtakt.

■ In Seminaren fordere ich die Teilnehmer auf, den Ton aus sich herauszusingen, der aus dem Körper herausströmen will. Bereits nach kurzer Zeit entsteht ein einheitlicher Ton.

Diese Beispiele zeigen, dass es nur eines geringen Anstoßes bedarf, um zur Harmonie zu gelangen. Ebenso bedarf es nur eines Urtons aus unserer natürlichen kosmischen Umgebung – in der Art einer akustischen Hochpotenz –, um in die entsprechende Harmonie zu kommen. Der Prozess der Harmonisierung läuft dann automatisch ab und bringt uns in Einklang mit dem Lauf der Dinge; er führt uns ins Zentrum. Klangschalen enthalten diese sphärischen Klänge und sind deshalb besonders dazu geeignet, uns in Harmonie zu versetzen. Ein Mensch, der in seiner Mitte und sich seiner Göttlichkeit sicher ist, strahlt dies auch aus. Er ist stark, sicher und gesund.

> Jeder Mensch ist für seine Vollkommenheit und seine Gesundheit mitverantwortlich. Viele Beschwerden, physische wie psychische, können durch ein Leben, das ein Mensch in Einklang mit sich und seiner Umwelt führt, gelindert, wenn nicht behoben werden.

Heilung durch Musik

Ein befreundeter Musiker spielte mir auf seinen Tabla-Trommeln uralte vedische Rhythmen vor. Das Trommelpaar besteht aus der Tabla, die weibliche Klänge hervorbringt, und der Baya mit männlichen Klängen. Die weiblichen Klänge sind hoch und durchdringend, gut wahrnehmbar und in der oberen Körperhälfte zu spüren, die männlichen Klänge hingegen sind tief und sonorisch schwingend; sie vibrieren im Unterleib. Er forderte mich auf, die Klänge in meinem Körper zu spüren. Ich konnte die Klänge genau lokalisieren. Mal versetzten sie meinen Oberbauch (den Solarplexus, das Sonnengeflecht des sympathischen Nervensystems) in eine angenehme, wohltuende Schwingung. Andere Rhythmen berührten mein Herz, und wieder andere vibrierten angenehm die Wirbelsäule entlang. Ich konnte in meinem Körper genau nachvollziehen, wozu die Musikstücke vor fast 5000 Jahren komponiert worden waren: zur Heilung.

Ein anderes aufregendes Experiment sah folgendermaßen aus: Radiästhetisch (d. h. durch das Spüren von feinstofflichen Energien) sollte ich die verschiedenen beidseitig bespannten Trommeln des Musikers »ausmessen«. Ich tat dies mithilfe einer Pendelrute, die wie ein Stab im Handteller, also im Handchakra, liegt. Wird nun derjenige, der die Pendelrute hält, mit einer bestimmten Energie konfrontiert, bewegen sich die feinen Nervenstränge im Handchakra und geben der Pendelrute eine Bewegungsrichtung. Aus dieser Bewegung kann man erkennen, mit welcher Art von Energie man konfrontiert wird.

Das Ergebnis: Die beiden Seiten der Trommeln gaben entgegengesetzt polarisierte Energien ab. Der Musiker bestätigte meine »Messergebnisse« durch die uralten Regeln, die besagen,

> Die vedische Musik, die mir der Musiker auf den Tabla-Trommeln vorspielte, war ursprünglich dazu da, die Verdauung zu regulieren, das Herz frei werden zu lassen und die Lebensenergie wieder zu entwickeln und fließen zu lassen. Ich konnte dies am eigenen Körper genau nachvollziehen.

Das rhythmische Schlagen von Trommeln kann Trommler und Zuhörer gleichermaßen in einen tranceartigen Zustand versetzen. In diesem Zustand ist Heilung möglich – körperliche ebenso wie seelische.

GESCHICHTE UND RITUALE

Fast alle Musiker in Tibet, Nepal und Indien, die die »göttliche Musik« auf religiösen Festen darbieten, spielen die Trommeln so, dass in erster Linie die erquickende Energie zur Entfaltung kommt.

dass die Trommeln so aufgehängt werden müssen, dass nur die positiven Lebensenergien in den Raum hineinstrahlen, die aggressiven Energien von ihm jedoch ferngehalten werden müssen.

Falsche Klänge führen zur Erkrankung

Während die meisten Musiker in Nepal auf die positiven Energien der Klänge bedacht sind, spielt eine Gruppe die Instrumente in umgekehrter Weise: die Schlachter, die gleichzeitig auch für die Totenmusik zuständig sind.

Einer meiner Freunde, der sich damals intensiv mit der traditionellen nepalesischen Musik beschäftigte, machte mit dieser Art von Musik eine besondere Erfahrung. Für seine Studien wollte er auch dieses Trommelspiel erlernen. Das konnte er – im Einklang mit den Göttern – nicht in der Stadt tun, sondern nur außerhalb, in einem abgelegenen Haus, das so abgedichtet war, dass die Klänge nicht nach draußen dringen konnten. Ferner musste er das Musikstück so lange hören, bis er sicher war, dass er es ohne Unterbrechung vom Anfang bis zum Ende spielen konnte. Denn nur, wenn das ganze Stück gespielt wird, ist es in sich geschlossen und bringt kein Unheil.

Nach einiger Zeit war es so weit. Er versuchte es, schaffte es aber nicht und wurde am selben Abend krank. Anschließend waren es nicht etwa westliche Medikamente, die ihm halfen, gesund zu werden, sondern die »geheimen« Rituale eines traditionellen tantrischen Priesters, die ihn wieder in die Ordnung und in die Harmonie brachten.

Manipulation durch Klänge

Auch wir sollten uns die Wirkung der Klänge wieder mehr vergegenwärtigen, denn sie wirken öfter auf uns ein, als uns bewusst ist.

HEILENDE KLANGMEDITATION

- In Stresssituationen hören wir gerne klassische oder meditative Musik, um wieder ruhig zu werden und zu entspannen.
- Junge Leute auf dem Weg zur Disko wählen, um in Stimmung zu kommen, im Autoradio eine rhythmische, anregende Musik.
- Durch aggressive Musik können auch aggressive Stimmungen erzeugt werden.
- Zu den Klängen von zackiger Marschmusik kann man ganze Armeen nahezu willenlos in die Schlacht schicken.
- In Kino- und Fernsehfilmen werden beim Zuschauer in einem Bruchteil von Sekunden durch Klang und Rhythmus Stimmungen erzeugt, etwa Liebe, Leidenschaft, Trauer oder Angst.
- In Kaufhäusern sollen durch manipulierende Musik die Kunden zum Kauf angeregt werden.

Buddhistische Puja

Meine tief greifendste Klangerfahrung erlebte ich bei einer tibetisch-buddhistischen Musikmeditation, bei einer so genannten Puja. Getragen wird eine solche Meditation durch das halblaute Vor-sich-hin-Murmeln von Mantras. Das dauernde Wiederholen der gleichförmigen Mantras versetzt den Körper in eine angenehme Schwingung, es macht den Kopf frei und leer und leitet so den Teilnehmer in einen tranceähnlichen Zustand über.

Darüber hinaus werden alle Körperbereiche durch das Spielen bestimmter Instrumente in Schwingung versetzt. Tiefe Tempeltrommeln und die Töne aus bis zu vier Meter langen Hörnern erzeugen ein wohliges Vibrieren im Bauchraum. Die Hörner gibt es in unterschiedlichen Größen und Tonlagen. Becken mit einem Durchmesser von bis zu 50 Zentrimetern bringen eine Fülle von sphärischen Klängen hervor, die den gesamten Körper durchdringen. Glocken und Zimbeln (kleine Metallbecken, die als Paar meist an einem Riemen o. Ä. befestigt sind) mit hohen Tönen schwingen im Kopfbereich.

Das Wissen um die Kraft der Töne bewirkt, dass wir sie zu unserem Wohl, zur Erhaltung der Gesundheit einsetzen und Manipulationen erkennen und vermeiden können.

GESCHICHTE UND RITUALE

Es entsteht insgesamt ein angenehmes Schwingungsfeld, von dem man sich getragen fühlt, ein Klangrausch, der in einen Zustand der tiefen Entspannung führt. Dies ist die Stimmung, die trägt und frei macht. Altes, Belastendes kann gelöst werden und mit den Klängen abfließen.

Genau das konnte ich bei der Teilnahme an dieser Puja erfahren. Die Problemstellen in meinem Körper wurden so stark angesprochen, dass es zu einer schnellen Veränderung kam und diese Körperbereiche stark schmerzten. Ich spürte eine Art Muskelkater, wie er bei einem untrainierten Menschen auftritt, der plötzlich einen Dauerlauf macht. Ähnliches kann auch bei der Klangschalenarbeit geschehen, wenn damit zu intensiv auf Blockaden oder Muskelverhärtungen gearbeitet wird. Nach der Puja fragte ich die Mönche nach dem Sinn der Meditation. Die Antwort: Durch die Klänge sollen die bösen Geister vom Körper verjagt werden. Ein schönes Bild: All das, was sich belastend am Körper festgesetzt hat, wird durch Klänge einfach abgeschüttelt. Blockaden und Verfestigungen haben keine Chance. Der Körper wird frei, die Energie kann ungehindert fließen.

Bei einer so genannten Puja, einer tibetisch-buddhistischen Musikmeditation, sollen böse Geister, die sich z. B. in Form von Krankheiten am Körper festgesetzt haben, vertrieben wer-

Trance und Ekstase – Grundlage für Heilungsprozesse

Der Erkenntnis, dass tranceähnliche Zustände Heilungsprozesse fördern, bedienen sich viele traditionelle fernöstliche Heilmethoden. In Nepal, Tibet und Indien, wo die alte Kultur noch gelebt wird, werden die gesundheitserhaltenden Klänge und Rhythmen in der alltäglichen Tempelmusik, in den Heilritualen der Schamanen, beim Acacu –

dem Hexenmeister – und beim Orakel als macht- und wirkungsvolles »Hauptordnungsmittel« eingesetzt.
- Die Dhimay-Musik zu den Festen im nepalesischen Bhaktapur versetzt die Zuhörer in eine Ekstase, die innerlich frei werden lässt. Diese Musik wird auf den beidseitig bespannten, großen Dhimay-Trommeln von den Musikern gespielt, die die Prüfung vor dem Musikgott Nasadjo bestanden haben.
- Durch die vedischen Klänge zur Heilung der Chakras und Belebung der Kundalini (Lebensenergie) geraten die Zuhörer in einen tranceähnlichen Zustand. Der Körper kommt nach den Rhythmen der Tabla-Trommel in Schwingung, die Lebensenergie kann frei fließen. In der indischen Heilkunst wird dem Energiekreislauf im menschlichen Körper, der Zellen und Organe mit lebenserhaltender Energie versorgt, große Bedeutung beigemessen. Diese Energie durchströmt sieben Energieknotenpunkte: die Chakras.
- Die Acima – damit bezeichnet man in Nepal eine Heilerin und »Hexe« – versetzt sich und die erkrankte Person durch die Klänge von Glocke und Trommel in Trance. Hier kann dann Heilung geschehen.
- Die traditionellen Schamanen in Westnepal erreichen den Zustand der Ekstase durch Trancetanz und Spielen der Schamanentrommeln.
- Die als Orakel bekannten Personen in Ladakh und Zanskar geraten durch Mantras, Trommelklänge und das Spielen der Ghanta – einer Glocke – in Trance. In dieser Stimmung kann das Orakel heilen und die Zukunft vorhersagen.

Trance führt zu einer tiefen Entspannung, die Loslassen und Heilung möglich macht. Zudem wird der Erfahrungsraum für Körper und Psyche erweitert. Für das Orakel beispielsweise eröffnet sich so der Weitblick. Im psychotherapeutischen Prozess kann man auf diese Weise schneller an Probleme und ihre Lösungen herankommen.

Info

Shyam Kumar Mishra beherrscht die traditionelle heilende vedische Musik hervorragend. Sein Wissen gibt er in der Hindu-Universität in der heiligen Stadt Varanasi in Indien weiter. Seit vielen Jahren gestaltet er aber auch Seminare zur Heilung der Chakras und Belebung der Kundalini gemeinsam mit mir in Europa. Seine Musik auf Tonträgern können Sie bei Polyglobe music oder über mich erwerben (Kontaktadresse siehe S. 94).

Wissenswertes über Klangschalen

Klangschalen sind im östlichen Kulturkreis wie Japan, China, Thailand und dem Himalayagebiet beheimatet. Sie ähneln Glocken, die von außen angeschlagen werden. Die Existenz der Schalen lässt sich sicher so weit zurückverfolgen, wie Metalle von Menschen verarbeitet werden. Dem Ton eine Form zu geben und die formende Wirkung des Tons für Harmonie und Gesundheit zu nutzen ist Urbedürfnis des Menschen.

Meist werden Klangschalen zur Meditation angewendet: Ihr gezielter Ton soll innere Klarheit bringen. Zunehmend finden sie aber auch Anwendung in den Bereichen Entspannung bzw. Gesundheitsvorsorge, Pädagogik, Beratung und Therapie sowie in Heil- und Heilfachberufen.

Ursprung der Klangschalen

Die ursprüngliche Funktion der Klangschalen aus dem tibetischen und nordindischen Bereich ist nicht vollständig geklärt. Waren sie Klangkörper oder Opferschalen, oder dienten sie als Essgeschirr? In der Literatur findet man die verschiedensten Interpretationen. Trotz jahrelanger Nachforschungen bei meinen zahlreichen Reisen in diese Länder und den Besuchen von Klöstern kann auch ich keine eindeutigen Aussagen über die rituelle Anwendung der Klangschalen treffen. Eine wichtige Aufgabe kommt den Klangschalen durch alle Jahrhunderte als Essgeschirr zu: Gekochte Lebensmittel und Wasser sollen in ihnen mit den Mineralstoffen jener Metalle angereichert werden, aus denen die Schalen gefertigt sind. Diese »Nahrungsergänzung« und die Schwingungen der Metalle über die Speisen und Getränke dienen dem Erhalt der Gesundheit.

Mit der Veränderung der Gesellschaft und der Bedeutung der Religion sowie mit den Fortschritten in Medizin und Technik haben die Metallschalen im Alltag an Bedeutung verloren. Billigeres Metall- oder Plastikgeschirr sowie neue Medikamente haben Einzug gehalten.

Diese Entwicklung fällt zeitlich mit dem Überfall Chinas auf Tibet zusammen. Deshalb werden das Ende der Produktion von Schalen und die Zerstörung des Wissens darüber häufig mit dieser grausamen Machtübernahme erklärt.

Materialien, Formen, Größen und Gewichte

Die Klangschalen werden aus verschiedenen Metallen gefertigt; in jeder Klangschale sind zwischen fünf und zwölf verschiedene Metalle verarbeitet. Wie viele Metalle genau in einer Schale verwendet werden, ist vom Herstellungsgebiet und vom Einfluss der jeweiligen Religion abhängig. Einer Überlieferung zufolge soll eine Schale sieben Metalle enthalten, für jeden Planeten eines (siehe Tabelle unten).

Die Fertigung hochwertiger Klangschalen ist ein äußerst komplexer Prozess, bei dem verschiedene Faktoren und Zusammenhänge beachtet werden müssen.

Zentral sind Metallzusammensetzung, Form, Größe und Breite des Randes sowie der eigentliche Schmiedeprozess. Die Metallzusammensetzung ist für die Schwingungsqualität und den Klang der Schale bestimmend. So haben Exemplare, die vor über 50 Jahren in der alten Zusammensetzung und nach alter Handwerkskunst hergestellt wurden, in der Regel ein besonders gutes Schwingungsverhalten und damit auch einen wunderbaren Klang.

Immer wieder ist auch vom rituellen Gebrauch der Klangschalen – beispielsweise in Zeremonien – die Rede. Hierzu gibt es jedoch keinerlei schriftliche Belege, lediglich mündliche Überlieferungen berichten in Legenden und Mythen über diesen Einsatz.

Zuordnung der Metalle zu den Planeten

Metall ▼	Gold	Silber	Quecksilber	Kupfer	Eisen	Zinn	Blei
Planet	Sonne	Mond	Merkur	Venus	Mars	Jupiter	Saturn

Klangschalen in vielen Variationen

Klangschalen werden in allen möglichen Formen, Größen und Tonabstufungen angeboten. In der Regel sind sie rund, gold-farben, manchmal glänzend, manchmal matt. Es gibt sie flach oder hoch, ihr Durchmesser beträgt meist zwischen 10 und 30 Zentimetern.

Das Gewicht variiert je nach Größe und Legierung bei alten Klangschalen zwischen 200 Gramm und maximal (bei seltenen Exemplaren) vier Kilogramm. Manche Schalen sind mit Krei-sen, Punkten, Stern- und Blattmotiven oder mit nepalesischen Schriftzügen sowie buddhistischen Symbolen verziert.

Die wichtigsten Klangschalenarten

Der Ort, an dem eine Klangschale erworben wird, entspricht heute nicht mehr der ursprünglichen Herkunft, insbesondere dann, wenn die Schale von einem Händler gekauft wird. Es ist ein reger Handel mit Klangschalen entstanden. So findet man in Nepal, Nordindien, Ladakh, Sikkim, Assam, Bengalen, aber auch in den Touristenregionen wie z. B. Goa alle Formen von Klangschalen.

Tibetische Klangschale

Die typische tibetische Klangschale kommt meist nicht aus Ti-bet, sondern trägt ihren Namen, weil sie aus dem Hochland in der Nähe von Tibet stammt und es immer interessant klingt, wenn etwas als tibetisch bezeichnet wird. Ihr Herkunftsland ist Nepal, besonders Ostnepal mit seinen angrenzenden Gebieten. Sie stellt die klassische Form der Klangschale dar und wiegt ein bis dreieinhalb Kilogramm. Es gibt sie mit und ohne dicken Rand. Ihr Klang ist sehr voll, stark obertonreich und lang an-haltend. Diese Klangschale ist von hoher Klangqualität, in Ma-terial und Klang aber leicht zerbrechlich und nur noch sehr selten zu finden.

Um die Klangschale zum Tönen zu bringen, klopft, schlägt oder reibt man sie. Man kann dies mit den Händen tun oder spezielle Schlägel und Klöppel verwenden.

VIELSEITIGES ANGEBOT

Manipuri-Klangschale

Diese Schale kommt aus Assam und Ostnepal und hat ein Gewicht von 200 bis 400 Gramm. Ihr Ton ist hoch und klar, er schwingt im Kopfbereich, oft in der Stirn (»Drittes Auge«). Der Preis für eine alte Manipuri-Schale ist etwa so hoch wie der für eine tibetische Klangschale.

Indische Klangschale

Die typisch indische Klangschale stammt aus dem Gebiet um Puri, südlich von Kalkutta; sie wiegt 600 bis 1200 Gramm. Man findet sie recht häufig und in guter Qualität. Ihr Klang ist klarer und nicht so obertonreich wie der einer tibetischen Schale; daher ist er aber auch nicht so gut für die Klangmassage geeignet.

Leichte Klangschale (1)

Diese Schale wiegt nur 500 bis 800 Gramm, ist im Ton meist hoch und klingt im Herz- oder Halsbereich. Sie hat ein erstaunliches Klangvolumen. Das Herstellungsgebiet ist Sikkim/Assam. Diese Form und Art der Klangschale diente mir als Anregung für die Fertigung der kleinen Herzschale (siehe S. 21).

Leichte Klangschale (2)

Diese Schale mit einem Gewicht von 700 bis 1200 Gramm stammt ebenfalls aus Sikkim/Assam. Sie bietet ein breites Klangspektrum. Ich verwende diese Art Schale in der Klangmassage für die Fuß- und Handreflexzonen sowie für die Gelenke. Sie eignet sich aber auch für den gesamten Körper. Dieser Typ Klangschale war mir Anregung für die Entwicklung der Gelenk- bzw. Universalschale.

Klangschalen gibt es – je nach Anwedungsbereich – in verschiedenen Größen. Mit verschiedenen Schlägeln kann mein einer Klangschale eine Vielzahl unterschiedlicher Klänge entlocken. Zimbeln können ergänzend verwendet werden.

Bengalische Klangschale

Diese Schalen kommen aus Bengalen, nördlich von Kalkutta. Es gibt sie mit einem Gewicht zwischen ein bis drei Kilogramm. Die bengalische Schale hat einen charakteristischen Ton, der zwischen dem einer Klangschale und dem eines Gongs liegt. Diese Form und Art der Klangschale bildet die Grundlage für unsere Bengali-Produktionsreihe und ist in der Fertigung einfacher. Sie ist robuster und preiswerter als die Therapieklangschale und wird daher gerne für die Arbeit im Kindergarten genommen. Ihre Klangqualität ist gut, entspricht aber nicht der Qualität der Therapieschalen.

Neue Klangschalen – in traditioneller Weise gefertigt

Inzwischen gibt es eine ganze Reihe von Produzenten neuer Klangschalen. Die Bandbreite von minderwertigen bis sehr hochwertigen Exemplaren ist groß.

Seit 1990 versuche ich, dem Wissen der traditionellen Zusammensetzung und Fertigung von Klangschalen auf die Spur zu kommen. Viele Geheimtipps mit anschließenden wochenlangen Reisen in verschiedene Himalayagebiete erwiesen sich jedoch als unbrauchbar. Ich versuchte, Klangschalen von traditionellen Handwerkern aus der Stadt Patan in Nepal herstellen zu lassen; allerdings hatten die Schalen letztendlich nur eine recht bescheidene Klangqualität.

Der Durchbruch gelang mir schließlich Anfang 1997 mithilfe meines langjährigen indischen Mitarbeiters Sunil Sharma. Sunil traf bei einer seiner Reisen im östlichen Vorhimalaya einen 94-jährigen Mann, der in seiner Jugend mit der traditionellen Klangschalenherstellung in Berührung gekommen war. Mit seinem Wissen über die Metallzusammensetzung und die Fertigung konnten wir die Tradition wiederbeleben. Unterstützung bekamen wir von einem Metallingenieur aus der Region, der die Legierungen alter Klangschalen analysierte.

ALTES WISSEN, NEU BELEBT

Legierung aus zwölf Metallen

Die von uns hergestellten Klangschalen werden aus den traditionellen zwölf Metallen gefertigt, wobei zu den auf Seite 15 genannten sieben Planetenmetallen noch fünf weitere hinzukommen. Es sind:

- Zink (wirkt gegen Spannungszustände)
- Meteoreisen (fördert Tatkraft und Aktivität)
- Wismut (fördert das Verdauungssystem)
- Bleiglanz (gegen Gelenkentzündungen)
- Pyrit (zur Stärkung der Lunge)

Des Weiteren enthält die Legierung noch ein Stück einer alten Klangschale – als symbolischen Transformator alten Wissens. Die gesamte Legierung ähnelt hochwertiger Bronze, wie sie z. B. beim Glockengießen verwendet wird – nur angereichert mit den weiteren Metallen. Sie sind anteilsmäßig aber in nur so geringer Potenz enthalten, dass der Klang dadurch nicht wesentlich beeinflusst wird. Dieser wird in erster Linie durch das Verhältnis von Kupfer und Zinn bestimmt.

Die Legierung wird in eine dicke Scheibe gegossen und anschließend in warmem Zustand von vier bis fünf Handwerkern zu einer Klangschale getrieben. In etwa 32 Arbeitsstunden entsteht so eine hochwertige Schale mit einem Gewicht von rund zwei Kilogramm. Die Fertigung der Klangschale wird von unserem Ingenieur ständig kontrolliert. Es folgen weiter vier Kontrollgänge. Nur die besten Stücke kommen in den Handel. Unsere Therapieschalen werden nach alter Handwerkstradition hergestellt und sind von hoher Klangqualität.

Da die Schalen früher hauptsächlich als Essgeschirr dienten (siehe S. 14), ist beispielsweise Blei nur in homöopathischer Potenz enthalten; damit ähnelt auch die Wirkung der in der Homöopathie oder Alchemie.

Klangschalen aus der Peter-Hess-Produktion

Mit unseren seit 1984 gemachten Erfahrungen bei der Arbeit mit Klangschalen in der Klangmassage, Klangmassage-Therapie und Klangpädagogik konnten wir die Klangschalen hinsichtlich Klang, Schwingungsverhalten und Form immer mehr optimieren. Das bedeutet, die Klangschalen werden gezielt für

19

die Klangmassage und therapeutische Arbeit gefertigt. Je nach Körperbereich werden Klangschalen hergestellt, die mit ihrem Klangspektrum ein spezifisches Frequenzangebot für die entsprechende Körperpartie setzen. Bei der Klangmassage kommen die Gelenk- bzw. Universalschale, Herzschale und Beckenschale zum Einsatz. Darüber hinaus finden die XXL-Klangschale, Zen- und Assam-Klangschalen sowie Zimbeln und Gongs Anwendung.

Gelenk- bzw. Universalschale

Die Gelenkschale, auch Universalschale genannt, ist ca. 900 Gramm schwer, dünnwandig und hat einen Durchmesser von etwa 22 Zentimetern. Sie verfügt über ein breites Klangspektrum, das den gesamten Körper bedient, und zeichnet sich durch eine intensive Schwingung aus. Sie ist besonders geeignet, um an Fuß- oder Handreflexzonen sowie an den Gelenken eingesetzt zu werden. Starke Blockaden oder Verspannungen können aufgrund ihres intensiven Schwingungsverhaltens gut gelockert werden. Wenn diese Schale mit unterschiedlichen Schlägeln zum Tönen gebracht wird, verändert sich der Hauptklangbereich. So kann diese Klangschale universell für den ganzen Körper eingesetzt werden, wir haben sie deshalb auch Universalschale genannt. Sie ist eine ideale Klangschale für den Einstieg in die Klangarbeit.

Kleine und große Beckenschale

Eine kleine bzw. große Beckenschale wiegt etwa 1,5 bzw. 2 Kilogramm und hat einen Durchmesser von 26 bzw. 29 Zentimetern. Diese Klangschalen bieten ein Klangangebot für den Un-

Rohmaterial und fertiges Produkt: Aus diesem Bronzeklumpn entsteht nach vielen Arbeitsschritten eine qualitativ hochwertige Klangschale.

EINE SCHALE FÜR JEDEN BEREICH

terleib und lassen sich, im Klangspektrum begrenzt, durch verschiedene Schlägel variieren. Die größere Beckenschale ist klangintensiver und für den professionellen Einsatz bestimmt.

Kleine und große Herzschale

Die kleine bzw. große Herzschale wiegt etwa 650 bzw. 1300 Gramm und hat einen Durchmesser von 18 bzw. 22 Zentimetern. Sie spricht im Klang vor allem den oberen Körperbereich an. Auch hier variiert der Klang begrenzt je nach Schlägel. Die kleine Herzschale wurde speziell für die Arbeit mit Kindern entwickelt, wird aber auch in der normalen Klangmassage eingesetzt. Die große Herzschale eignet sich vor allem für die professionelle Anwendung.

XXL-Klangschale und größte Klangschale der Welt

Nachdem sich die Fähigkeiten unserer Handwerker im Schmieden der Klangschalen zunehmend weiterentwickelt haben, konnten wir immer größere Klangschalen fertigen. Dies war zunächst ungeheuer schwierig, da mit zunehmender Größe und zunehmendem Gewicht die spröde Bronze beim Schmieden immer wieder zerbrach. Mit wachsender Erfahrung konnten wir diesen Prozess immer sicherer und präziser gestalten, sodass wir heute stolz sind, die größte geschmiedete Klangschale der Welt mit einem Gewicht von etwa 60 Kilogramm und einem Durchmesser von über 80 Zentimetern gefertigt zu haben.

Eine Variation dieser »Riesenklangschale« ist die sogenannte XXL-Klangschale mit einem Gewicht von 3 bis 14 Kilogramm. In Physiotherapiepraxen kommen in der Regel zwischen sechs

Die Arbeitsmaterialien für eine Klangmassage oder eine Klangmeditation auf einen Blick: Herzschale (links Mitte), Beckenschale (rechts hinten) und Gelenk- bzw. Universalschale (vorne) mit drei verschieden großen und weiche Filzschlägeln.

WISSENSWERTES ÜBER KLANGSCHALEN

und acht Kilogramm schwere Klangschalen mit einem Durchmesser von 40 bis 55 Zentimetern zum Einsatz. Die Klienten können sich während der Behandlung mit beiden Füßen in die Klangschale stellen und so die Schwingungen wahrnehmen. Je nachdem, wie der Klient die Schwingung wahrnimmt, kann der Therapeut Rückschlüsse ziehen und seine Klangbehandlung auf die Bedürfnisse des Klienten abstimmen.

Die XXL-Klangschale wird häufig auch zur Einstimmung sowie zur gezielten Behandlung beispielsweise bei Durchblutungsstörungen oder bei Wirbelsäulenbeschwerden verwendet.

Assam-Klangschalen

Wir haben dieser Klangschale ihren Namen nach dem Gebiet verliehen, aus der ihre ursprüngliche, flache Form stammt. Die Assam-Klangschale hat in der Regel einen Durchmesser von bis zu 20 Zentimetern und zeichnet sich durch einen sehr klaren Ton aus, der im Vergleich zur Zen-Klangschale offener ist – entsprechend der Form der Schale. Diese Klangschalen sind nicht geschmiedet, sondern gegossen, und haben einen hohen Zinnanteil, wodurch sie empfindlicher sind. Assam-Klangschalen werden in erster Linie für den Kopfbereich verwendet.

Zen-Klangschalen

Die Zen-Klangschalen sind den japanischen Rin-Klangschalen nachempfunden. Durch ihre spezielle Metallzusammensetzung und Fertigung ist das Klangvolumen wesentlich intensiver. Der Ton dieser Klangschalen ist klar, wie bei einer Stimmgabel. Auch sie wird – ebenso wie die Assam-Klangschale – vor allem für den Kopfbereich verwendet.

Basierend auf unseren Erfahrungen haben wir eine neue Form von Zimbeln entwickelt, die sich besonders gut für die Klangmassage eignet. Im Rahmen der Klangarbeit gibt es für Zimbeln vielfältige Einsatzmöglichkeiten.

Zimbeln

Zimbeln sind eine Untergruppe der Becken und zentraler Bestandteil von Musikritualen in Nepal, Indien und Tibet. Sie kommen immer paarweise vor und haben einen Durchmesser von etwa 60 bis 90 Millimetern. Sie sind mit unterschiedlichster Wandstärke und in verschiedensten Qualitäten erhältlich.

Gongs

Gongs gehören neben den Trommeln zu den archaischsten Musikinstrumenten. Es gibt weltweit eine große Vielzahl. In der Klangmassage arbeiten wir beispielsweise mit Fen-Gongs, die sich durch einen bewegten, intensiven und sphärischen Klang auszeichnen. Dieser Gongtyp kommt vor allem in der Meditation sowie in der Arbeit mit der Aura zum Einsatz.

Wissenschaftliche Studien

Seit 1988 beschäftigen sich die polnischen Musiktherapeuten Dr. Halina Portalska und Dr. Ing. Marek Portalski der Technischen Hochschule in Posen mit der therapeutischen Wirkung von Klangschalen. Ihre Untersuchungen fließen in unsere Produktion mit ein und bestätigen, dass die Therapieklangschalen, die wir aus unserer über 20-jährigen Erfahrung mit der Klangmassage in Form und Eigenschaft entwickelt haben, genau die gewünschte Wirkung erzielen. Das bedeutet, dass die Universal- bzw. Gelenkschale vor allem die Gliedmaßen, die Herzschale vor allem den Brust- und Herzbereich sowie die Beckenschale vor allem den Bauch- und Beckenbereich ansprechen. Die Forschungen bestätigen, dass unsere Klangschalen das schnelle Erreichen eines tiefen Entspannungszustands begünstigen.

Die wissenschaftlichen Studien machen deutlich, wie wichtig eine gute Qualität der Klangschalen bei der Arbeit mit den Schalen und der Klangmassage ist; sie zeigen auch die enormen Qualitätsunterschiede der am Markt erhältlichen Klangschalen auf. Nur sehr wenige dieser Schalen eignen sich für den therapeutischen Einsatz.

Jede Klangschale aus der Peter-Hess-Produktion durchläuft verschiedene Stadien der Qualitätssicherung. Die Frequenzbilder der einzelnen Klangschalen werden am Computer kontrolliert.

WISSENSWERTES ÜBER KLANGSCHALEN

Was beim Kauf einer Klangschale zu beachten ist

Womit fängt man an?

Zunächst sollten Sie für sich klären, wozu genau Sie die Klangschale verwenden möchten. Denn wenn Sie die Schale nicht nur als Klanginstrument in Meditationen oder Konzerten benötigen, sondern beispielsweise auch für Klangmassagen, ist neben der Klangqualität auch die Schwingungsqualität von entscheidender Bedeutung.

Vielleicht suchen Sie auch eine Klangschale, die eine bestimmte Körperregion anspricht, dann können Sie sich an den Beschreibungen (Therapieklangschalen) von Seite 19ff. orientieren. Für diejenigen, die eine Vorliebe für antike Klangschalen haben, möchte ich anmerken, dass alte Klangschalen nicht automatisch mit Qualität gleichgesetzt werden dürfen und dass man hier besonders achtsam in der Auswahl sein sollte. Neuere Klangschalen, etwa unsere Therapieschalen, sind gezielt für den Einsatz in der Klangmassage entwickelt worden und weisen entsprechende Vorzüge auf.

Da Klangschalen ursprünglich nicht als Klanginstrumente geschaffen wurden, gibt es große Unterschiede in der Klangqualität. Diese kann man nur erfahren, wenn man eine Vielzahl von Klangschalen zum Vergleich vor sich hat.

Für den Anfang genügt eine Schale. Wer mit dieser den Körper massieren will, sollte eine »leichte Klangschale« vom Typ 2 (siehe S. 17) wählen. Ansonsten bestimmt das eigene Gefühl für Klang und Form die Wahl. Wer sich später noch weitere Schalen anschaffen möchte, sollte prüfen, ob diese mit der ersten gut zusammenklingen.

Geheimnisvolle Klangschalen

Es gibt viele spannende Geschichten, wo Klangschalen angeblich herkommen. Manchmal wird z. B. behauptet, die Klangschalen würden an einem geheimen Ort in einem tibetischen Kloster bei Vollmond und unter geheimen Ritualen geschmiedet. Bei solchen Geschichten sollten Sie sofort hellhörig werden, denn diese sind alle konstruiert, um einen überhöhten Preis für die Schalen zu erzielen.

Gerade bei den als »antik« gehandelten Schalen handelt es sich oft um weniger hochwertige Restposten. Inzwischen werden antike Klangschalen selbst vor Ort, etwa in Nepal, für mehrere hundert Euro pro Kilo verkauft.

Neu produzierte Klangschalen

Heute kommen in der Regel neu produzierte Klangschalen auf den Markt. Die Produzenten möchten die Herstellungskosten natürlich möglichst gering halten, um einen hohen Gewinn zu erzielen. Daher wird häufig an der Metallzusammenstellung gespart. Es kommen z. B. Schrottmetalle zum Einsatz, deren Zusammensetzung unkontrollierbar ist, oder es wird Zinn durch Blei ersetzt, das nur einen Bruchteil dessen kostet. Zudem fehlt den Handwerkern oft ein fundiertes Wissen über Schwingungszusammenhänge sowie über die Auswirkungen des Verhältnisses von Metalllegierung, Breite, Höhe und Randstärke zur Klangfarbe und Klangqualität.

Das Äußere – Form, Größe und Randstärke – sagt also noch gar nichts über die Qualität einer Klangschale aus. Sie können zwei identisch aussehende Klangschalen vor sich haben, deren Klang und Schwingungsverhalten jedoch völlig unterschiedlich sind.

Doch nicht alle neuen Klangschalen müssen schlecht sein. Es gibt Ausnahmen, bei denen hochwertige Bronzelegierungen verwendet werden – dies ist im Klang klar hörbar und auch in der Schwingungsqualität deutlich fühlbar.

Gute Beratung

Leider wissen viele Verkäufer von Klangschalen nicht, wie man die Instrumente überhaupt anwenden kann, beispielsweise bei einer Klangmassage. Wir stellen immer wieder fest, dass Ver-

Beim Kauf einer Klangschale gilt es generell, besonders aufmerksam zu sein und genau zu prüfen, ob die Qualität der Klangschale auch das hält, was der Verkäufer verspricht.

WISSENSWERTES ÜBER KLANGSCHALEN

Die Verkäuferin bzw. der Verkäufer sollte Erfahrungen mit Klangschalen haben und Sie nach den nebenstehenden Kriterien beraten können. Im Zweifelsfall kann Sie das Institut für Klang-Massage-Therapie beraten und Ihnen Geschäfte in Ihrer Nähe nennen (Adresse siehe S. 94).

Wichtige Auswahlkriterien

■ Wurden die Schalen von einem Kenner ausgesucht? Häufig werden Klangschalen bei einem Importeur bestellt, der nur damit handelt und keine Ahnung von der Qualität hat. Ein solcher »blinder Import« beinhaltet bis zu 90 Prozent Klangschalen schlechter Qualität, die natürlich trotzdem verkauft werden sollen.

■ Lässt sich die Herkunft nachvollziehen? Wann, wie und wo wurde die Schale gefertigt? Wie viele Metalle enthält sie?

■ Wie ist der Klang der Schale? Empfinden Sie ein volles Klangvolumen, sphärische Klänge, die Sie leicht in einen Entspannungszustand führen können?

■ Wie ist das Schwingungsverhalten der Schale? Schwingt sie lange und gleichmäßig ab, nicht in Sprüngen – sowohl im Klang als auch in der Intensität? Bei einer guten Schale haben Sie das Gefühl, dass sie lange, fast unendlich lange schwingt.

■ Falls es beim festen Anschlagen Nebengeräusche, eine Art Surren, gibt, sollten Sie die Schale nicht kaufen – außer, Sie bekommen sie wesentlich günstiger; denn normalerweise wird man die Klangschale kaum so fest anschlagen. Trotzdem birgt diese Schale Unsicherheiten.

■ Letztlich entscheidend ist natürlich, wozu Sie die Klangschale einsetzen wollen und ob die Schale Sie in Aussehen und Ton anspricht – und dies ist immer eine subjektive Entscheidung.

■ Nehmen Sie sich Zeit bei der Auswahl. Probieren Sie einige Übungen, wie sie im Buch erklärt werden, und vertrauen Sie auf Ihr Gefühl. So werden Sie sicher die für Sie richtige Klangschale finden.

käufer, die selbst Klangmassagen geben oder eine entsprechende Ausbildung gemacht haben, meist auch gut beraten und dass man bei ihnen auch gute Klangschalen erwerben kann. Hier sollten Sie darauf achten, ob verschiedene Preisklassen hinsichtlich unterschiedlicher Qualitätsabstufungen angeboten werden (siehe S. 29).

Ausprobieren und auf das Gefühl hören

Grundsätzlich empfehle ich immer, die Klangschalen vor dem Kauf persönlich zu hören und ihre Klangschwingung auch zu erfühlen. Doch manchmal sind es lange Anfahrtswege zum nächsten Händler, und eine Bestellung über einen Versandhandel oder per Internet ist aus ökonomischen Gründen effektiver. Auf jeden Fall empfehle ich bei einer Bestellung per Post, einschlägige Fachhändler Privatanbietern vorzuziehen.

Vorsicht ist auch geboten, wenn es beispielsweise darum geht, eine Klangschale passend zu einem bestimmten Sternzeichen auszuwählen. Klangschalen zeichnen sich durch ihre enorme Obertonvielfalt aus; das bedeutet, dass eine Schale – je nach Anschlaginstrumentarium – bis zu drei, in seltenen Fällen sogar fünf dominante Töne in sich birgt. Entsprechend scheint es wenig seriös, eine Zuordnung wie die oben genannte zu machen. Auch hier gilt: Lassen Sie sich nicht verunsichern. Hören und spüren Sie genau, und überlassen Sie die Entscheidung Ihrem Gefühl!

Werden Klangschalen unterschiedlicher Qualität zu einem gleichen Kilo-Preis verkauft, ist dies oft ein Zeichen von Unwissenheit. Dies kann zum einen bedeuten, dass man dort ein gutes »Schnäppchen« machen kann; andererseits kann es aber auch heißen, dass die Beratung weniger verlässlich ist.

Reibeklöppel oder Schlägel

Probieren Sie auch verschiedene Reibeklöppel oder Schlägel aus. Mit ihnen lassen sich der Klangschale unterschiedliche Töne entlocken – weiche und harte, tiefe und hohe, fröhliche und sanfte.

WISSENSWERTES ÜBER KLANGSCHALEN

Manchmal möchte man einen »stehenden« Klang erreichen. Dann muss besonders darauf geachtet werden, ob sich diese Klangschale mit einem Holzklöppel leicht reiben lässt und dadurch ein sauberer Ton entsteht. Da es mit einem reinen Holzreibeklöppel oft zu einem kratzenden Ton kommt, sollte er mit Gummi oder Leder ummantelt sein. Die Masse bzw. das Gewicht des Klöppels im Verhältnis zur Klangschale muss stimmen. Je größer die Klangschale, desto schwerer muss der Klöppel sein, damit er – wenn die Schale in Schwingung kommt – nicht zu springen anfängt und unerwünschte Nebengeräusche erzeugt. Für große Klangschalen wird das Gewicht durch Einbringen von Metall in seinen Kern erhöht.

Grundsätzlich lassen sich mit breiten, weichen Filzschlägeln eher tiefe Klänge erzeugen, mit kleineren, härteren Schlägeln lassen sich dagegen eher höhere Frequenzen hervorrufen.

Neben den Schlägeln und Reibeklöppeln, die man kaufen kann, sind der Experimentierfreudigkeit keine Grenzen gesetzt. Sie können die Klangschale natürlich auch mit den Händen und mit anderen Anschlag- oder Streichinstrumentarien wie z. B. einem Geigenbogen zum Tönen bringen. Überlassen Sie sich ganz Ihrer spielerischen Experimentierfreude!

Am besten probieren Sie verschiedene Schlägel aus. Wer kreativ ist und gerne bastelt, kann Schlägel auch gut selbst fertigen.

Bezugsquellen und Preise

Durch die verstärkte Nachfrage nach Klangschalen kommen heute – meist aus Indien – viele neue Schalen zu uns, die weder der alten Metalllegierung entsprechen noch in traditioneller Weise hergestellt wurden. Alte Klangschalen, die aus zwölf Metallen bestehen, findet man nur noch in geringen Stückzahlen bei Einheimischen im Himalaya.

Doch so weit muss man gar nicht fahren, denn auch hierzulande werden Klangschalen in Musikalienhandlungen, esoterischen Läden sowie einschlägigen Versandhäusern und natür-

AM BESTEN VOM FACHMANN

lich inzwischen auch via Internet angeboten. Diese Schalen werden meist nach Gewicht gehandelt und kosten zwischen 40 und 250 Euro pro Kilogramm. Häufig hängt die Höhe des Preises mit der Qualität zusammen. Das muss aber nicht sein. Fragen Sie deshalb bitte den Händler, woher er die Schalen bezieht. Klangschalen, die unsere mehrfache Qualitätskontrolle durchlaufen haben, tragen das Warenzeichen »peter hess products®« und können nur von mir direkt oder von einem unserer Händler bezogen werden (siehe S. 94).

Pflege der Klangschalen

Die Klangschalen bestehen in der Regel aus verschiedenen Metallen und bilden dadurch galvanische Elemente, d.h., es entsteht eine Spannung zwischen zwei unterschiedlichen Metallen. Dies fördert die Korrosion, wenn diese Metalle mit salz- oder säurehaltigen Flüssigkeiten in Berührung kommen. So sieht man beispielsweise bei einer Klangschale, die vorher mit Salzwasser in Berührung kam und dann nicht gereinigt wurde,

Preisstaffelung der »peter hess products®«

- Therapieklangschalen: pro Kilogramm etwa 150 Euro
- HIMALAYA-Qualität: pro Kilogramm etwa 110 Euro
- TINGRI-Qualität: pro Kilogramm etwa 75 Euro
- Normale Klangschalen vom Basar, wie sie z. B. in Geschenkartikelläden zu bekommen sind: pro Kilogramm etwa 50 Euro
- Zier- bzw. Deko-Klangschalen: pro Kilogramm etwa 20 Euro

Achtung: Selbst für Klangschalen in Deko-Qualität werden oft (zu) hohe Preise verlangt!

Bereits mit einer Klangschale in Tingri-Qualität lassen sich gut erste Erfahrungen sammeln, wie sie hier in diesem Buch beschrieben sind. Eine Universalschale von etwa 900 Gramm würde in dieser Qualität zwischen 60 und 70 Euro kosten.

WISSENSWERTES ÜBER KLANGSCHALEN

dass nach einiger Zeit vermehrt Kupferanteile an die Oberfläche treten. Dies wird als rötlich-brauner Fleck sichtbar. Aus diesem Grund sollte eine Klangschale immer sauber und gegen salz- und säurehaltige Flüssigkeit geschützt sein.

Nach der Fertigung in Nepal und Indien werden unsere Klangschalen gut gereinigt; zum Schutz wird die Oberfläche mit einer dünnen Schicht Senföl versiegelt. Danach werden die Schalen nur noch mit Handschuhen angefasst, damit kein salzhaltiger Schweiß auf die Oberfläche gelangt. Ohne den Ölfilm würde sich bei dem salzhaltigen Luftgehalt beim Transport über den Ozean eine Korrosionsmöglichkeit ergeben. In unseren Breitengraden bedarf es in der Regel keines besonderen Schutzes für die Klangschale.

Traditionelle Reinigung

In Nepal werden die Klangschalen mit Reisstrohasche gereinigt. Die Asche wird mit Wasser befeuchtet, anschließend wird die Schale unter längerem Reiben gesäubert. Dies ergibt eine reine Oberfläche. Besonders gut kann man bei sehr alten Klangschalen, die über Jahrzehnte oder sogar Jahrhunderte so gereinigt worden sind, auch die Echtheit der Klangschale erkennen. Die Hammerspuren, die beim Schmieden der Klangschalen entstanden sind, werden durch tausendfaches Reinigen sanft geglättet, der scharfkantige Rand wird abgerundet. Durch genaues Hinschauen kann man also gut erkennen, ob eine Klangschale wirklich alt ist oder ob sie künstlich gealtert wurde, um einen höheren Preis zu erzielen. Nach dem Reinigen mit der Asche des Reisstrohs wird die Schale ganz leicht mit Senföl eingerieben und so unempfindlich gemacht.

Letzte Stufe der Klangschalenfertigung: Der Polierer steht auf einem Brett, unter dem sich die Klangschale eingehüllt in Haare (Abfall von Friseuren) befindet. Durch seine tanzenden Hin- und Herbewegungen wird die Schale poliert.

Anleitung zur Reinigung

Diese Art der Reinigung mit Reisstrohasche wäre für uns zu umständlich. Sollte eine Klangschale Flecken haben oder stark verschmutzt sein, so ist es am einfachsten, sie mit einer Essig-Salz-Mischung zu reinigen. Dazu verrühren Sie etwa 150 bis 200 Milliliter (eine knappe Tasse voll) preiswerten Essig mit vier bis fünf Esslöffeln Salz und lassen diese Mischung etwa drei bis fünf Minuten auf der Oberfläche der Schale einwirken. Dadurch wird derselbe Vorgang erzeugt wie bei galvanischen Elementen. Anschließend muss die Oberfläche gut mit Wasser gereinigt werden, damit keinerlei Salz- oder Säurereste mehr vorhanden sind. Trocknen Sie die Schale mit einem weichen Tuch gründlich ab, und reiben Sie sie sehr dünn mit Bienenwachs ein. Dieses sollte so gut verteilt werden, bis keine Rückstände mehr beim Aufstellen der Klangschale auf der Unterlage verbleiben. Alternativ kann die Klangschale auch mit einer sanften Messingputzmilch gereinigt werden. Dabei muss jedoch darauf geachtet werden, dass das Reinigungsmittel keine Kratzspuren hinterlässt.

Allmähliche Farbveränderung

Die Farbe der Klangschale wird sich im Laufe der Zeit verändern, je nach dem, wie häufig sie geputzt wird. Will man den goldfarbenen Glanz erhalten, sollte man sie regelmäßig (etwa alle zwei Monate) reinigen. Es ist natürlich auch Geschmacksfrage, mit welcher Patina Sie Ihre Schale haben möchten. Die Reinigung hat in der Regel keine Auswirkung auf den Klang; nur, wenn über einen sehr langen Zeitraum hinweg Metall durch die Reinigung abgenommen wird, kann es zu geringfügigen Klangveränderungen kommen. Dazu müsste die Klangschale aber über mehr als 30 Jahre regelmäßig gereinigt werden – und selbst dann würden Sie es im alltäglichen Gebrauch wahrscheinlich nicht bemerken.

Für die Häufigkeit der Pflege entscheidend ist, ob man eine eher goldfarben Optik oder eine leichte Patina bevorzugt. Es sollte aber in jedem Fall darauf geachtet werden, dass das Pflegemittel keine Kratzer verursacht.

Anwendung der Klangschalen

Klangschalen kann man eine solche Vielfalt von Tönen entlocken, dass sich jeder von ihnen angesprochen fühlt. Für jede Situation gibt es den richtigen Ton. Anders als komplizierte Instrumente, die man erst erlernen muss, lädt die Klangschale zum Experimentieren und zum Spielen ein. Sie ist eine Quelle, aus der wir schöpfen können.

Dabei sind die Anwendungsbereiche nahezu unbegrenzt. Die Klangschalen und die Klangmassage können von der Geburtsvorbereitung bis hin zur Sterbe- und Trauerbegleitung sowohl als eigenständige als auch als integrierte Methode in Heil- und Heilfachberufen sowie in Pädagogik, Beratung oder Therapie zum Einsatz kommen.

Friedrich Cramer, ehemaliger Direktor am Max-Planck-Institut für Experimentelle Medizin in Göttingen, sagt: »Resonanz ist das, was die Welt im Innersten zusammenhält« (Cramer, »Symphonie des Lebendigen«, 1996).

Schwingung und Resonanz – Grundeigenschaften des Lebens

Die östliche Vorstellung des »Nada Brahma« (siehe S. 6), was mit »Alles ist Klang« übersetzt werden kann, ist nicht nur metaphorisch zu verstehen. In der Quantenmechanik und Teilchenphysik geht man davon aus, dass alle Materie Schwingung ist. Physikalisch gesehen, hat alle Materie ein unverwechselbares Schwingungsmuster und damit einen unverwechselbaren Klang. Die verschiedenen Schwingungen können über das Phänomen der Resonanz miteinander in Wechselwirkung treten. Resonanz leitet sich vom lateinischen Wort »sonare« ab, was so viel wie »klingen« bedeutet; Resonanz ist, wenn etwas »zurücktönt«. Der Begriff der Resonanz gewinnt in vielen Bereichen immer mehr an Bedeutung.

Der Resonanzbegriff ist eng mit den Themen »Gesundheit« und »Krankheit« verbunden – auf allen Ebenen. Je resonanzfähiger, je schwingungsfähiger wir sind, desto gesünder sind wir auch. Je besser unsere vielfältigen Biorhythmen aufeinander abgestimmt sind und je mehr wir in Harmonie, also in Resonanz, mit unserer Umwelt und unseren Mitmenschen leben, desto wohler fühlen wir uns. Vereinfacht kann man sagen: Verliert der Mensch durch Stress, Sorgen oder Zweifel seine Schwingungs-, seine Resonanzfähigkeit, gerät er aus der Harmonie und wird krank. Dies wird beispielsweise bei Herzrhythmusstörungen ganz deutlich.

Über Klänge das Harmonisierungsbestreben des Körpers beeinflussen

Die Beeinflussung des Menschen durch Musik wird seit je genutzt, sei es bei der Kriegsmusik, bei der Arbeitsmusik oder auch im Rahmen der Musiktherapie. Mittlerweile ist nachgewiesen, dass musikalische Schwingungen Herz- und Atemrhythmus oder auch den hormonellen Zyklus beeinflussen können. Und jeder Mensch hat schon einmal erlebt, wie sehr Musik, wie sehr bestimmte Klänge ihn berühren können.

Wenn wir davon ausgehen können, dass überall Schwingung ist, dann lautet eine entscheidende Frage, mit welchen Schwingungen wir in Resonanz gehen. Dies ist natürlich auch eine Frage der Aufmerksamkeit, des Fokus. Durch die Klänge einer Klangschale wird die Aufmerksamkeit auf harmonische Schwingungen gelenkt, die das natürliche Harmonisierungsbestreben des Körpers auf allen Ebenen ansprechen.

In der Praxis der Klangmassage erleben wir immer wieder, wie der Körper über die harmonischen Klangschwingungen der Klangschalen positiv beeinflusst wird. Er wird dabei unterstützt, seine harmonische Schwingungsfähigkeit zu bewahren, und damit wird es ihm ermöglicht, gesund zu bleiben. Ist diese

> Die Klangmassage bringt den Körper wieder in Kontakt mit seinen ursprünglichen Schwingungsmustern. Die ursprüngliche Harmonie wird wiederhergestellt, Selbstheilungskräfte werden angeregt. So hat die Klangmassage also einen stark präventiven, die Gesundheit erhaltenden Charakter.

ANWENDUNG DER KLANGSCHALEN

Fähigkeit aus dem Gleichgewicht geraten, erinnern ihn die Klänge gewissermaßen an die natürliche Ordnung – die Selbstheilungskräfte werden mobilisiert.

Alles in der Natur strebt nach Ordnung und Ökonomie

Die Klänge und Klangschwingungen der Klangschalen werden fast immer als wohltuend empfunden. Vielleicht, weil sie an das Moment der rhythmisch-schwingenden Bewegungen anknüpfen, die die Urgeste aller Lebensprozesse sind. Die Klänge regen den Menschen und seinen Organismus an, wieder in Bewegung zu kommen, wieder mitzuschwingen. Im Klang scheinen sich die formgebenden, ordnenden Kräfte der Natur in besonderer Weise wiederzufinden.

Vergleicht man die Schwingungsbilder von Alexander Lauterwasser mit Formen in der Natur, finden sich anscheinend universelle Gesetzmäßigkeiten der in Schwingungen und Klängen wirkenden Gestaltungsprozesse. Sie weisen darauf hin, dass alles in unserer Umgebung – ebenso wie wir selbst – in solche klangartigen Strukturen eingebunden ist.

Wasser-Klang-Bilder von Alexander Lauterwasser

Es sind die formbildenden, ordnenden Kräfte der Klänge und Schwingungen, die der Wasserforscher und Fotograf Alexander Lauterwasser in seinen Aufnahmen sichtbar macht. Die Bilder zeigen vielfältige Muster und Strukturen, die entstehen, wenn das Wasser auf die Klänge oder Schwingungen »antwortet«. Sie faszinieren durch ihre Schönheit und Harmonie. Doch die Forschungen Lauterwassers gehen über das Ästhetische weit hinaus; sie beschäftigen sich übergeordnet mit Fragen der Morphogenese.

Vergegenwärtigt man sich, dass der menschliche Körper überwiegend aus Wasser besteht, kann man sich gut vorstellen, was im Körper geschieht, wenn die harmonischen Schwingungen der Klangschalenklänge auf ihn treffen. Das Bild der Ordnung stiftenden Klänge, die Harmonie stärken oder wiederherstellen

SCHÖNHEIT UND KLARHEIT DURCH KLANG

 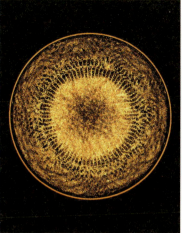 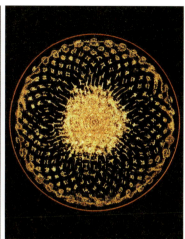

helfen, wird damit greifbar und bleibt nicht länger abstrakt. Gerade auch die Aufnahmen der Wasser-Musik von Klangschalen- und Gongklängen (siehe S. 94, Lauterwasser, »Wasser-Musik«, 2005) verdeutlichen das geheimnisvolle und wunderbare Zusammenspiel von Wasser- und Klangwellen.

Wasser-Klang-Bilder und Klangmassage

Die Fotografien Alexander Lauterwassers verdeutlichen, welche Schwingungsvorgänge im Körper stattfinden können, wenn wir bei einer Klangmassage mittels Klängen auf ihn einwirken. Sie verbildlichen das (Neu-)Ordnungsprinzip, das Klängen innewohnt und das wir in der Praxis immer wieder erleben. Sie zeigen, dass gefestigte Strukturen immer erst ins Chaos zurückkehren müssen, bevor sich Neuordnung einstellen kann. Bei den Bildern der stehenden Wellen wird deutlich, dass die geometrischen Muster mit zunehmender Frequenzhöhe immer komplexer werden. Dies entspricht unserer Vorgehensweise, bei der in der Regel für die unteren Körperregionen tiefere Frequenzen, für die oberen Körperbereiche höhere

An den faszinierenden Wasser-Klang-Bildern des Künstlers Alexander Lauterwasser kann man sehr gut erkennen, dass Klänge nicht nur Schwingungen erzeugen, die sich auf das Wasser übertragen, sondern dass diese Schwingungen auch unterschiedliche Muster bilden.

ANWENDUNG DER KLANGSCHALEN

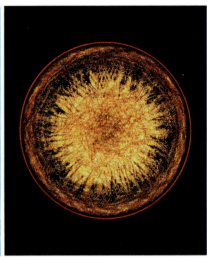

Ein ähnliches Muster, wie in diesem Wasser-Klang-Bild von Lauterwasser (rechts) zu sehen ist, erhält man auch, wenn man eine im Wasser schwimmende Klangschale anschlägt. Man sieht deutlich, wie sich die Schwingungen der Klangschale auf das Wasser übertragen.

Frequenzen verwendet werden. Auch eigene Wasser-Bilder mit Klangschalen bestätigen dies. Hier finden sich auch interessante Parallelen zur Chakrenlehre. Lauterwasser betont die Einmaligkeit seiner Bilder, die nicht wiederholt werden können, da vielfältige Parameter genau aufeinander abgestimmt sein müssen, um eine stehende Welle zu erlangen – es handelt sich dabei um einen Dialog zwischen Klang und Wasser. Bei einer Klangmassage verhält es sich ähnlich: Auch sie ist immer individuell und einzigartig.

Was bei einer Klangmassage im Körper geschieht

Bereits die Wasser-Klang-Bilder verdeutlichen, was geschieht, wenn Klänge auf den Körper treffen. Ein weiteres Bild hilft dabei, den Vorgang und die Wirkung einer Klangmassage zu begreifen. Lässt man einen Stein in einen Teich fallen, so entste-

BLOCKADEN LÖSEN

hen konzentrische Wellen, die sich über den gesamten Teich ausbreiten. Jedes Molekül des Wassers wird auf diese Weise in Bewegung versetzt. Ähnliches geschieht bei der Klangmassage in unserem Körper, der ja zu etwa 80 Prozent aus Wasser besteht. Die wohltuenden Schwingungen übertragen sich auf den Körper und breiten sich dort in konzentrischen Wellen aus. Dadurch wird jedes Molekül, jede Zelle angesprochen.

Ist der Körper frei von Blockaden, fließen die Klangschwingungen ungehindert durch ihn hindurch und treten aus den Zehen und Haarspitzen wieder aus ihm heraus. Unser Körper ist aber meist nicht frei von Blockaden: Durch unbewältigte Lebensprobleme, Stress und Sorgen haben sich in ihm eine Vielzahl von Blockaden gebildet, die z. B. als Schmerzen in den Gelenken oder als Muskelverhärtungen deutlich und oft sehr unangenehm zu spüren sind.

Sanfte Schwingungen lockern auch alte Verhärtungen

Ein weiteres Bild soll die Situation des Körpers und das Geschehen bei einer Klangmassage verdeutlichen. Man stelle sich einen flachen Kasten in der Größe von ein mal zwei Metern vor. Der Boden ist einen Zentimeter hoch mit einer feinen, lockeren, sauberen Sandschicht bedeckt.

Diesen Kasten stellen wir einige Monate in den Garten, wo er Wind, Regen, Hagel, Sturm, Sonne und Gewittern ausgesetzt ist.

Wie wird der Sand nach dieser Zeit aussehen? Er wird nicht wiederzuerkennen sein: Klumpen und Regenlöcher haben sich gebildet, Schmutz hat sich angesammelt – und etwa so sieht auch unser Körper aus.

Der menschliche Körper besteht zu einem Großteil aus Wasser. Berührt ihn ein Klang – ähnlich wie ein Tropfen, der ins Wasser fällt –, breiten sich die Schwingungen in konzentrischen Kreisen im ganzen Körper aus.

ANWENDUNG DER KLANGSCHALEN

Info

Im Alpha-Zustand, der zugleich ein Zustand des Vertrauens ist, geschieht die wunderbare Wirkung des Loslassens. Nur wenn wir loslassen, können wir uns von Sorgen und Problemen, von Verhärtungen, Blockaden und Krankheiten entfernen. Im Alpha-Zustand finden wir neue Harmonie und Heilung, und das Unterbewusstsein erhält neue Informationen und Befehle.

In die Mitte dieser Sandkiste stellen wir nun eine große Klangschale und schlagen sie an. Die Schwingungen arbeiten sich sanft, aber kontinuierlich durch den verkrusteten, verhärteten Sand. Er wird sanft durchgeschüttelt und gereinigt und bekommt eine neue, harmonische Konsistenz. Ähnliches geschieht bei der Klangmassage auch mit uns. Die Gelenke, die Muskeln und letztlich der gesamte Körper werden durch die weichen Vibrationen sanft von Blockaden, Verhärtungen und Verspannungen befreit.

Durch Klang zur Tiefenentspannung

Warum Klang im Körper als sehr angenehm empfunden wird, verdeutlicht die bereits erwähnte fernöstliche Vorstellung: In Tibet, Nepal und Indien ist man der Ansicht, dass der Kosmos, die Götter und die Menschen aus Klang entstanden sind. Ist der Mensch in Harmonie, so ist er gesund; Missklänge hingegen machen ihn krank. Gehen wir davon aus, dass wir Klang sind, so haben wir ein tiefes Urvertrauen zum Klang. Wir können uns leicht auf ihn einlassen, uns fallen lassen, Missklänge beseitigen und wieder zu harmonischem Einklang kommen.

In diesem Vertrauen zum Klang genießen wir die Schwingungen im Körper. Der Atem wird ruhiger und tiefer, und wir erreichen leicht den so genannten Alpha-Zustand. Dies ist der Zustand des menschlichen Gehirns, der zwischen Wachen und Schlafen liegt (z. B. kurz vor dem Einschlafen) und der beispielsweise auch durch Entspannungsübungen oder Meditation herbeigeführt wird.

Negativem Stress entgegenwirken

Ständiger Stress führt zur Verspannung. Wir fühlen uns unwohl, Missklänge und Disharmonie manifestieren sich sowohl in den Gedanken und im Lebensgefühl als auch im Körpergefühl, in der Körperhaltung und letztlich sogar in den Organen. Ausgeglichenheit, Wohlbefinden und Harmonie als Grundvoraussetzungen für Lebensenergie und Kraft werden unterdrückt. Wird negativer Stress nicht abgebaut, kann das krank machen (man spricht in diesem Zusammenhang auch von Disstress).

Es gibt vielfältige Entspannungsmöglichkeiten und Entspannungstechniken, etwa das autogene Training. Oft ist es ein mühsamer Weg, diese Techniken zu erlernen, ihre Anwendung wird als aufwändig empfunden und daher häufig bald wieder abgebrochen. Eine besonders wirkungsvolle und leicht erlernbare Methode dagegen ist die Entspannung über den Klang. Während einer Klangmassage muss man nichts – man darf einfach nur genießen und dabei entspannen.

Entspannung – Lebenselixier im Alltag

Sie sollten sich am Tag möglichst oft für einige Minuten oder auch nur Sekunden völlig entspannen. Eine noch so kurze Entspannungsphase bedeutet loslassen – geschehen lassen. Hieraus entstehen Neuorientierung, Neuordnung und Harmonie, aus denen Sie wieder Kraft zur Bewältigung der anstehenden Aufgaben schöpfen. Die kurzen Entspannungsphasen wirken wie ein Lebenselixier, das Ihnen unerschöpflich und kostenlos zur Verfügung steht.

Dazu ist es gut, dass Sie eine Klangschale mit Ihrem Lieblingston in Ihrer Nähe haben. Sie können sich beispielsweise eine Klangschale auf den Schreibtisch stellen. Durch laufende Telefonate, die Vielfalt der Arbeit und die Menge der Aufgaben füllt sich der Kopf allmählich mit Unordnung – Kopf, Nacken und der restliche Körper verspannen sich. In dieser Situation können Sie sich für kurze Zeit bewusst mit gerader Wirbelsäule auf den Stuhl setzen und mit den Fingerkuppen die Klangschale anschlagen. Nehmen Sie den Ton der Klangschale be-

Wirken wir negativem Stress, sogenanntem Disstress, nicht entgegen, gleichen Körper und Geist einer leeren Batterie: Wird sie nicht wieder aufgeladen, bricht das Energiesystem – in diesem Fall das Immunsystem – irgendwann zusammen.

ANWENDUNG DER KLANGSCHALEN

wusst auf, lassen Sie ihn durch sich hindurchfließen, spüren Sie die reinigende und ordnende Wirkung der Klänge. Danach können Sie die Arbeit energetisch gestärkt und in neuer Klarheit angehen.

Klangkonzert mit Klangschalen

Sind Sie glücklicher Besitzer mehrerer Klangschalen, sollten Sie sich den Genuss eines persönlichen Klangkonzerts, eines regelrechten Klangbades, gönnen. Voraussetzung dafür ist, dass Sie beim Erwerb der Klangschalen darauf geachtet haben, dass diese harmonisch zusammenklingen.

Stellen Sie die Schalen um sich herum, und beginnen Sie, spielerisch und mit Freude Klänge entstehen zu lassen. Sofort sind Sie in dieses Klanggefüge mit einbezogen. Ihre inneren Schwingungen verbinden sich mit den Tönen der Klangschalen. Ein Tongefüge, eine Gesamtharmonie entsteht. Sie erfahren eine tiefe, wohltuende Entspannung und können leicht in einen Trancezustand gelangen.

Völlige Entspannung durch den Klang allein

Der zweite Tag meines Einführungsseminars zur Klangmassage beginnt immer mit einer Klangmassagemeditation. Dabei spiele ich Klangschalen, die nicht auf den Körper gesetzt werden. Ich spreche dazu, erkläre, was ich gerade tue und an welcher Stelle sich die Teilnehmer und Teilnehmerinnen die Klangschale auf dem Körper vorstellen sollen. In wenigen Minuten befinden sich alle in tiefer Entspannung.

Jeder spürt genau das im Körper, was sonst bei einer realen Klangmassage abläuft. Alle sind überrascht, dass ihr Körper wie bei einer richtigen Klangmassage reagiert. Dies erklärt sich dadurch, dass durch die reale Klangmassage die uns innewohnenden Klangerfahrungen wieder erweckt werden. Danach genügt es, nur den entsprechenden Klang zu hören, und schon

Tipp

Manche Menschen stellen ihre Klangschale an einen besonderen Platz in der Wohnung, etwa an einen Ort, an dem sie oft vorbeikommen. Die Schale lädt zum Anschlagen ein. Ihr Klang bringt so, ganz nebenbei, eine entspannende, beruhigende und stärkende Wirkung.

STRATEGIEN FÜR DEN ALLTAG

läuft der gesamte Prozess automatisch im Körper ab. Dies ist ein sehr wertvoller Mechanismus, den wir im Alltag jederzeit nutzen können. Durch die Klangmassagemeditation in ihrer einfachsten Form erfahren Körper, Geist und Seele real eine Klangmassage.

Klangentspannung ohne Klangschalen

Sollten Sie sich einmal in einem Spannungszustand befinden, den Sie abbauen möchten, momentan jedoch Ihre Klangschale nicht zur Hand haben oder sie nicht anschlagen können, schließen Sie für einen Moment die Augen, und hören Sie in sich hinein auf den Klang der Schale, den Sie erfahren haben. Erinnern Sie die Wirkung des Klanges. Der Entspannungsprozess läuft dann in Bruchteilen von Sekunden ab.

Anwendungsbereiche der Klangmeditation und Klangmassage

Klangschalen können sowohl im professionellen als auch im privaten Bereich angewendet werden:

■ Eine Meditationslehrerin nimmt eine Klangschale mit einem mittleren bis tiefen Ton, um die Teilnehmer und Teilnehmerinnen einer Gruppe in den meditativen Zustand zu versetzen. In der Praxis ist man immer wieder erstaunt darüber, wie schnell und einfach dies möglich ist und wie der Klang die Meditation überaus sicher trägt und sie wirkungsvoll gestaltet.

■ Eine Lehrerin arbeitet mit hyperaktiven Kindern. Sie gestaltet Klangreisen mit Klangschalen. Die Kinder haben Freude an den Klängen, sie kommen schnell in eine wundersame, meditative Stimmung und genießen die Ruhe, die ihnen sonst fehlt.

■ Ein Zahnarzt benutzt Klang bei seinen Patienten zur Einleitung einer Hypnose. Schnell und in angenehmer Weise ist die-

Ich habe einmal mit etwa 300 Personen eine Klangmeditation durchgeführt, wobei die Klänge der Schalen elektronisch verstärkt wurden. Bereits nach kürzester Zeit befanden sich fast alle in einem meditativen und entspannten Zustand.

ANWENDUNG DER KLANGSCHALEN

ser Zustand erreicht. Anschließend kann er ohne Betäubungsspritze behandeln.

▪ Eine Gruppe von Managern erfuhr in einem Seminar Klang als Mittel zur Stressbewältigung. Eine Reihe von ihnen litt unter Bluthochdruck. Der Blutdruck war nach der Klangarbeit bei fast allen normal.

▪ Ein Arzt behandelte einen Beamten, der wegen ständigen Bluthochdrucks und dessen Folgen früher pensioniert werden sollte, mit der Klangmassage. Es stellte sich nach einer Weile ein normaler Blutdruck ein. Ebenso entfielen die Begleiterscheinungen und somit die Gründe für die Frühpensionierung.

▪ Ein Mann ließ seinen Tennisarm, an dem er schon lange litt und aufgrund dessen er einmal wöchentlich eine Schmerzspritze bekam, mit Klangschalen behandeln. Schon nach der ersten Sitzung trat eine merkliche Verbesserung des Zustands ein.

▪ Eine Frau, die seit mehreren Jahren an Schmerzen im Bereich der unteren Lendenwirbelsäule litt, ließ sich mit Klangmassage behandeln. Das Bandscheibenproblem schien schließlich verschwunden zu sein. Nach Jahren berichtete sie mir, dass es ihr seit der Behandlung sehr gut gehe.

▪ In einer Praxis für Physiotherapie arbeiten die Masseure und Krankengymnasten mit Klang. Sie berichten, dass zahlreiche körperliche Probleme ihrer Patienten, die von Verspannungen, Blockaden oder Verletzungen herrühren, auf diese Weise wirkungsvoll behandelt werden können.

Die aufgeführten Beispiele sollen nicht den Eindruck erwecken, dass mit einer Klangmassage eine Art »Wunderheilung« möglich sei; das ist selbstverständlich nicht der Fall. Manchmal kommt es bei der Behandlung auch zu einem Stillstand, und der Heilungsprozess bleibt aus. Hier hilft es häufig, geduldig zu sein. Durch die elementare Wirkung der Klangmassage, das Loslassen und Geschehenlassen, kommt wieder Bewegung in den Genesungsprozess.

Eine arbeitslose, schüchterne, unsichere Frau nahm an einem Seminar zur Klangarbeit teil. Von Stunde zu Stunde konnte man beobachten, wie sie sicherer und positiver wurde. Mittlerweile hat sie die Ausbildung in der Klangmassage nach Peter Hess® absolviert und eine Anstellung in einem Pflegeheim gefunden. Sie arbeitet begeistert mit ihren Patienten und findet bei den Kollegen viel Anerkennung für ihre Arbeit mit Klang.

AUCH FÜR DIE ANWENDUNG ZU HAUSE

Selbstanwendung und professionelle Hilfe

Ähnliche Erfahrungen wie die in den obigen Beispielen beschriebenen können Sie auch in der Selbstanwendung der Klangmassage bzw. in der Anwendung mit einem Partner oder einer Partnerin machen.

Über den spielerischen Umgang mit Klangschalen und die verschiedenen alltäglichen Anwendungsmöglichkeiten erfahren Sie Ausführliches in den Seminaren des Instituts für Klang-Massage-Therapie (siehe S. 94). Die dort in der Klangmassage Ausgebildeten und die Fachkräfte, die sich zu Klangmassage-Therapeuten oder Klangpädagogen nach Peter Hess® weitergebildet haben, geben ihr Wissen gerne weiter. Das Institut für Klang-Massage-Therapie nennt Ihnen auch Adressen seriös ausgebildeter Seminarleiter und -leiterinnen in Ihrer Nähe.

Eine Klangmassage ist ein Erlebnis für die Sinne. Dabei kann neben den Klangschalen auch mit Gongs gearbeitet werden, die die Schallwellen über die Aura zum Körper bringen.

Den eigenen »Klangkörper« wieder erfahren

Klangentspannung ist ein System, das bereits von Geburt an in uns ruht. Das System wird von einer kurzen Erinnerung erweckt, danach ist es jederzeit abrufbar. Man kann dieses Klangentspannungssystem in Kursen, aber auch zu Hause schnell erlernen. Die schönste Art, Ihren »Klangkörper« wieder wahrzunehmen, ist die Klangmassage.

Lassen Sie sich von einer Person behandeln, zu der Sie Vertrauen haben, bei der Sie sich geborgen fühlen und sich fallen lassen können. Legen Sie sich auf den Bauch, und achten Sie

ANWENDUNG DER KLANGSCHALEN

dabei auf eine bequeme Lage. Geben Sie eventuell noch einige Kissen unter Kopf, Bauch oder Füße – an die Stelle, an der Sie »Unterstützung« brauchen. Versuchen Sie, absolut bequem zu liegen, und freuen Sie sich auf die Wirkung der Klänge.

Ihre Partnerin oder Ihr Partner setzt nun eine Klangschale mit einem tiefen Ton auf Ihren Rücken – dorthin, wo Sie sie am liebsten haben möchten – und beginnt, die Schale sacht anzuschlagen. Die Klangschale sollte fast ausklingen, bevor sie erneut angeschlagen wird. Achten Sie darauf, wie die Klänge in den Körper hineinfließen und sich dort ausbreiten.

Mehr und mehr breitet sich die Klangschwingung im gesamten Körper aus. Ein angenehmes Gefühl stellt sich ein, Sie genießen den Klang. Sie haben ein ursprüngliches Vertrauen zum Klang. Sie erfahren, dass Sie im Ursprung Klang sind (Nada Brahma). In diesem Moment haben Sie dieses Urprinzip wieder erfahren. Es gehört zu Ihnen, steht Ihnen zur Verfügung.

Möglicherweise wollen Sie, dass die Klangschale auf einen anderen Bereich des Rückens gestellt wird, weil es sich für Sie dann noch besser anfühlt. Geben Sie Ihrer Partnerin oder Ihrem Partner daher Rückmeldung, wo Sie wünschen, dass sie bzw. er die Schale als Nächstes platziert.

Affirmationen und Visionen

Mit dem Klang der Klangschale werden Körper, Geist und Seele angenehm angesprochen. Da wir hier unsere ursprüngliche Sicherheit erfahren, können wir in allen Bereichen loslassen. Im entspannten Zustand ist unser Unterbewusstsein leicht zugänglich. Wichtig ist es, dem Unterbewusstsein die richtigen Informationen zu geben. Das geht am besten mit Affirmationen und Visionen. Affirmationen beschreiben in kurzer Form und bildhaft positiv einen Zustand, den Sie erreichen wollen. Mit einer Affirmation kommt automatisch ein Bild für ein Ziel auf. Affirmationen sind Befehle an das Unterbewusstsein. Sie lassen sich dort mit Klang spielerisch verankern. Sie sind gewissermaßen die Heinzelmännchen, die die Aufgaben bewältigen, während wir schlafen. Grundvoraussetzung hierfür ist das richtige Setzen der Affirmationen. Dafür gelten einige Regeln:

EINFLUSS AUF DAS UNTERBEWUSSTSEIN NEHMEN

- Die Affirmation muss positiv sein (»Es geht mir von Tag zu Tag besser.«).
- Die Affirmation muss realistisch sein.
- Die Affirmation beschreibt den gewünschten Endzustand.
- Die Affirmation sollte möglichst kurz sein.
- Die Affirmation darf auf keinen Fall die Wörter »nicht«, »werde«, »demnächst«, »in Zukunft« enthalten.

Auch die Vision oder Vorstellung beschreibt ein Ziel, beispielsweise folgendermaßen: »Ich möchte mit dem Rauchen aufhören und mache mir ein Bild, eine Vision, über den Endzustand, so wie ich sein will. Ich sehe mich in einer Frühlingslandschaft, die Natur erwacht. Die Sonne scheint wohlig warm, die Luft ist klar und rein. Ich atme mit Freude tief die klare, frische Luft in meine Lunge ein. Luft und Lebensenergie fließen frei in den Körper. Ich bin voller Energie und Lebensfreude. Ich tue alles, damit dieser Zustand anhält.«

Der Entspannung folgt die Neuordnung

Entspannung – insbesondere mithilfe von Klangschalen – führt zu innerer Gelöstheit und innerer Leere. In der buddhistischen Kultur wird diese Leere mit einem Diamanten verglichen: Leere ist der erstrebenswerteste, wertvollste Zustand, den man erreichen kann. Nur aus der Leere heraus kann Neues entstehen, nur aus der Leere heraus kann der Mensch kreativ werden und eine Neuordnung der Dinge sowie eine neue Harmonie anstreben. Das bedeutet: Entspannung darf nicht bloß das Endziel sein – die Neuordnung muss ihr folgen. Diese ergibt sich ganz zwanglos, ohne dass Sie sich anstrengen müssen. Lassen Sie sie einfach nur geschehen.

Wenn Sie alles Blockierende abgelegt haben, sind Sie frei, Sie stecken nicht mehr in Ihren Problemen. Sie werden zum Beobachter Ihrer eigenen Person, betrachten sich mit objektivem

Auch gegen Übergewicht, für das private Zusammenleben, für die tägliche Arbeit und geschäftliche Vorhaben können Visionen entstehen. Mithilfe der Klangentspannung können sie an das Unterbewusste weitergegeben werden und dort ihre Wirkung entfalten.

ANWENDUNG DER KLANGSCHALEN

Blick von außen und haben die Übersicht. Sie nehmen damit eine völlig andere Perspektive ein, als sie jemand hat, der in seinen Problemen gefangen ist. Als Beobachter haben Sie Abstand und Weitblick; neue Lösungsmöglichkeiten ergeben sich.

Aus der Schatzkammer des Unbewussten schöpfen

In diesem Gefühl, dass alles einfach entsteht und uns zufällt, sind die Tore weit geöffnet für Gedanken und Ideen, die sonst verborgen in unserer geheimen Schatzkammer, dem Unbewussten, liegen. In dieser Schatzkammer befinden sich alle Erfahrungen unseres Lebens – ja der ganzen Menschheit.

Die Klangmeditation lässt eine Quelle sprudeln, die Sie ab jetzt im Alltag ständig »anzapfen« können. Immer wenn Sie eine Viertelstunde Zeit haben, können Sie sich genussvoll der Entspannung hingeben und den kreativen Lösungsweg beschreiten. Haben Sie aber – beispielsweise im Büro – diese Zeit nicht, genügen bereits Sekunden, um dieses Gefühl mit Klang zu erwecken. Damit haben Sie den Schlüssel zu einer Methode, die über andere Entspannungstechniken weit hinausreicht.

Im Alpha-Zustand, den wir mithilfe der Klangmassage schnell und einfach erreichen können, regenerieren Körper, Geist und Seele, neue Energie kann geschöpft werden.

Körper, Geist und Seele neu stimmen

Die meisten Entspannungstechniken hören bei der Entspannung auf. Vielleicht kommt Ihnen dann der Gedanke: Da fehlt doch etwas! Vergleichen wir uns mit einem sensiblen Musikinstrument, etwa mit einer Geige. Eine Geige wird durch den Transport verstimmt, Missklänge haben sich eingestellt. Das Erste, was Sie anschließend tun, ist, die Saiten zu lösen, gewissermaßen zu entspannen. Doch dann kommt der entscheidende zweite Schritt: Sie spannen die Saiten wieder und stimmen die Geige neu. Die neu gestimmte Geige ist das wunderbare Instrument, mit dem Sie dann kreativ werden, auf dem Sie die Melodie spielen. Genau dieser Prozess läuft bei der Klangmassage in Körper, Geist und Seele ab.

Auf einen Blick

■ Schwingung und Resonanz sind grundlegende Eigenschaften allen Lebens. Schwingungsfähig sein bedeutet gesund sein. Über äußere Schwingungen, etwa die einer Klangmassage, kann die Schwingungsfähigkeit des Menschen positiv beeinflusst werden.

■ »Nada Brahma« – »Alles ist Klang«. Klänge sprechen uns auf einer tiefen Seinsebene an. Sie erinnern uns an unseren Ursprung und nähren damit unser Vertrauen in die Welt, in unsere Mitmenschen und in uns selbst – unser Urvertrauen.

■ Bei der Klangmassage wirken Massage und harmonische Klänge zusammen. Sanft fließen die Klänge in den Körper. Wohlgefühl und tiefe Entspannung entstehen. Dies ist die Grundlage, um die heilende Wirkung zu stärken. Im Loslassen und Geschehenlassen entstehen Neuordnung und Harmonie.

■ Die Klangschwingungen einer Klangschale verursachen eine zart wirkende Massage. Kontinuierlich arbeiten sich die wohltuenden Töne bzw. Vibrationen Stück für Stück voran und lösen spielerisch Verspannungen und Blockaden.

■ Bei der Klangmassage entsteht die Sicherheit, dass sich die Probleme mit jeder Behandlung mehr und mehr verflüchtigen. Dieses Vertrauen ist für eine schnelle und sichere Besserung von grundlegender Bedeutung.

■ In der Tiefenentspannung (Alpha-Zustand) wird das neue, entspannte Körpergefühl vom Unterbewusstsein aufgenommen und dort als *positives* Körpergefühl verankert. Dadurch wird der Körper anders erfahren: »Mein Körper ist nun ganz in Ordnung, ich habe Vertrauen in meinen Körper.« Dies ist die neue Richtung, in die das Unterbewusstsein arbeitet.

Im Alpha-Zustand werden wir objektiver Beobachter unserer selbst, können neue Sichtweisen entwickeln und ungenutzte Ressourcen aktivieren – wir können aus der Schatzkammer des Unbewussten schöpfen.

Körperliche Beschwerden

Klangschalen können für Sie im Alltag sowie ganz gezielt bei Spannungszuständen und körperlichen Beschwerden selbstverständliche, wertvolle Begleiter sein. Sie sind bei der Anwendung von Klang nicht an Termine gebunden, um zu entspannen, zu meditieren oder kreative Lösungsmöglichkeiten zu finden, sondern können Ihre Klangschale in Ihrer Nähe haben und immer dann benutzen, wenn Sie sie brauchen. Viele akute körperliche Probleme lassen sich durch Klangmassage oder Klangarbeit leicht lösen. Klangmassage ist ein ergänzendes Hilfsmittel zur Stärkung der Selbstheilungskräfte.

Im Rahmen von Heilbehandlungen sollte die Klangmassage nur von ausgebildeten Fachkräften durchgeführt werden. Am besten erklären Sie Ihrem behandelnden Arzt die Methode. Er wird nichts dagegen einzuwenden haben, handelt es sich doch um eine harmonisierende, sanfte Entspannung.

Klangmassage stärkt die Selbstheilungskräfte. Ein besonderer Vorteil: Sie können den Klang ohne Termingebundenheit und überall auf sich wirken lassen.

Beispiele aus der Praxis

Klangschalen sind vielseitig verwendbar; ihr Einsatz hat sich bereits in zahlreichen verschiedenen Bereichen als heilsam erwiesen. Sie können die Klangschalen sowohl alleine, zur Selbstbehandlung, als auch gemeinsam mit einem Partner oder einer Partnerin einsetzen.

Selbstbehandlung mit Klangschalen

Mit den folgenden Beispielen zur Selbstbehandlung sollen Ihnen einige wenige Möglichkeiten aus dem breiten Spektrum von Anwendungen aufgezeigt werden:

■ Ein Mann wandte das in einem Klangmassage-Einführungskurs Erlernte bei seinem Vater an, der Probleme mit dem Gehen hatte und zudem starke Medikamente einnehmen musste. Der

Zustand des Vaters besserte sich nach regelmäßiger Anwendung der Klangmassage ganz erheblich.

■ Eine Frau behandelte ihre Mutter mit Klangschalen. Diese litt unter schweren Gelenkproblemen, Schulter- und Nackenverspannungen sowie unter Durchblutungsstörungen. Die Klangmassage half, all diese Beschwerden zu lindern. Die Mutter hat daraufhin selbst eine Klangschale erworben und wendet diese nun täglich mit großer Freude an.

■ In einer Klinik für Gelenk- und Durchblutungsstörungen wird alternativ zur Schulmedizin auch mit der Klangmassage gearbeitet. Viele Patienten sind an dieser Behandlungsform sehr interessiert und ziehen sie einer Elektrotherapie vor. Die Erfolge mit der Klangmassage sind sowohl für die Patienten als auch für die Ärzte überzeugend.

■ Eine 36-jährige Frau litt aufgrund der alltäglichen Belastung regelmäßig unter Spannungskopfschmerzen. Seit sie sich täglich fünf Minuten Zeit nimmt, um sich bequem hinzulegen und eine große Beckenschale (oder Universalschale) auf Ihrem Unterleib anzuschlagen, treten die Kopfschmerzen deutlich seltener auf. Dabei achtet sie vor allem auf eine entspannte Lagerung des Kopfes und lenkt gedanklich den lösenden und entspannenden Klang in den betroffenen Bereich.

Wirkungsvolle Hilfe gegen die »Managerkrankheit« – Stressbewältigung

In Seminaren zur Stressbewältigung und Kreativitätsentwicklung, die das Institut für Klang-Massage-Therapie für Führungskräfte veranstaltet, werden die Teilnehmer mit den Möglichkeiten von Klangmassage und Klangmeditation bekannt gemacht. Fast alle Manager, die an einem dieser Seminare teilgenommen haben, stellen sich anschließend eine Klangschale auf ihren Schreibtisch. Nach einer anstrengenden Konferenz, einem nervenaufreibenden Telefongespräch oder

Die Klänge der Klangschalen helfen Managern dabei, Stress abzubauen. Schon einige Minuten der Entspannung mit Klangschalen bringen neue Energie, Kreativität und Ideen.

KÖRPERLICHE BESCHWERDEN

in anderen Stresssituationen schlagen sie die Schale mit den Fingerkuppen an. Sie lassen sich Zeit, den Ton wahrzunehmen, bis er verklungen ist. Das bedeutet zwei bis drei Minuten Zeit für Entspannung, neue Energie und Kreativität. In den nächsten Stunden bewältigen diese Personen ihre Aufgaben wieder mit Freude und Gelassenheit.

Mit Klang in den Schlaf

Eine Frau in den Wechseljahren, die unter Müdigkeit, Abgespanntheit, Energielosigkeit und Schlafstörungen litt, begann, sich mit Klangmassagen zu behandeln. Ihre Beschwerden hörten nicht nur bald völlig auf, sie fühlte sich auch allgemein ausgeglichener, zuversichtlicher und stärker.

Sie selbst beschreibt die Veränderungen folgendermaßen: »Seit ich vor dem Schlafengehen meine Klangschale anwende, geht es mir viel besser. Ich beschließe den Tag, indem ich sie auf den Oberbauch stelle, sie anschlage und den Ton genieße. Ich erlebe, wie die Last des Alltags von mir abfällt. Ich werde frei und spüre, wie der Körper wohlig schwingt. Es ist ein Genuss für mich, diese Freude und Freiheit zu spüren. Ich lasse den Tag in Bildern vorbeiziehen. Was und wie es passiert ist, kann ich ganz und gar so akzeptieren. Oft lerne ich aus dieser Betrachtung des Tages und bin mir sicher: Sollte sich beispielsweise eine schwierige Situation noch einmal ergeben, werde ich sie besser bewältigen.«

Zum beruhigenden Klang der Klangschale kann man abends im Bett den Tag noch einmal Revue passieren lassen. Man kann Erlebtes loslassen und in erholsamen Schlaf gleiten.

Energetische Reinigung von Räumen

Therapeuten und in Heilberufen Tätige sind nach längerer intensiver Arbeit oft erschöpft. Sie haben das Gefühl, im Raum habe sich »dicke Luft« angesammelt – negative Energie, die der Klient losgelassen hat.

In einem solchen Fall öffnet der Therapeut Türen und Fenster und nimmt die Klangschale abwechselnd auf die Handflächen und Fingerkuppen beider Hände. Er schlägt die Klangschale an. Die Schwingungen entfalten sich im Raum, füllen ihn und verdrängen die kräftezehrenden Energien, die dann aus Fenster und Türen abziehen. Dies ist ein wirkungsvolles Ritual, um durch die ordnenden Schwingungen einen Prozess der Klärung und Reinigung des Körpers in Gang zu setzen. Unterstützt werden kann dieses Ritual auch durch Räucherwerk und ätherische Öle.

Klangarbeit im Wellness- und Beautybereich

Auch im Wellness- und Beautybereich haben die Klangschalen überzeugte Anwender, die die Vorteile dieser lange wirksamen und effizienten Entspannungsmethode schätzen. Eine Klangmassage kann beispielsweise während einer Kosmetikbehandlung parallel oder zusätzlich zu anderen Behandlungsformen angewendet werden; d. h., in der Zeit, in der etwa eine Gesichtsmaske aufliegt, kann parallel eine Klangbehandlung durchgeführt werden. Die Maske wirkt dann nicht nur reinigend für die äußere Haut, sondern nimmt auch Schmutz aus dem Inneren auf, der durch die Klänge nach außen gespült wird. Die Klänge massieren sanft alle Muskeln; das lockert, bringt Entspannung, glättet Falten – kurz: macht schön.

Grundprinzipien jeder Behandlung mit Klangschalen

Viele Behandlungen lassen sich ohne eine Klangmassageausbildung durchführen – wie, können Sie im Folgenden noch genauer nachlesen (siehe S. 52 f.). Darüber hinaus besteht selbstverständlich auch die Möglichkeit, an einem entsprechenden Seminar teilzunehmen. Für die professionelle Anwendung ist eine Ausbildung erforderlich.

Auch das Ambiente einer Klangmassage muss stimmen. Verwöhnen Sie Ihre Sinne beispielsweise mit den betörenden Düften von Blüten und Räucherstäbchen.

KÖRPERLICHE BESCHWERDEN

Stimmige Rahmenbedingungen

Bei jeder Behandlung mit Klangschalen gilt ein wichtiges Grundprinzip. Ganz gleich, ob Sie sich selbst oder gemeinsam mit einem Partner bzw. einer Partnerin eine Klangmassage gönnen oder ob Sie sich in die Hände eines in der Klangmassage nach Peter Hess® Ausgebildeten begeben: Bei jeder Behandlung sollte die Umgebung, der Rahmen stimmen und zum Entspannen einladen. Die Behandlung sollte immer freiwillig seitens des Behandelnden erfolgen, in der Stimmung, dem anderen selbstlos etwas Gutes zu tun. Deswegen sollte es bei Partnerübungen auch keine schwer wiegenden Spannungen zwischen dem Behandelnden und dem Behandelten geben. Indem man den Körper sanft zum Schwingen bringt, kommt es zu einem Zustand des Vertrauens und der Entspannung.

Alle Beschreibungen zur Selbstbehandlung sollten lediglich als Anregungen verstanden werden, die es immer wieder individuell zu variieren gilt.

Behutsames Vorgehen

Eine weitere wichtige Grundregel für alle Behandlungen mit Klangschalen ist, dass Probleme in den ersten Sitzungen nicht direkt angegangen werden dürfen. Es wäre falsch, etwa bei einer starken Schulterverspannung eine kräftig schwingende Klangschale zu nehmen, sie direkt auf die Problemzone zu setzen und heftig anzuschlagen – ganz nach dem Motto »Viel hilft viel«. Die Reaktion können noch heftigere Schmerzen sein. Die Person wird sich dann wahrscheinlich keiner weiteren Klangbehandlung unterziehen.

Das Gesunde stärken

Wenn man Gesundheit erreichen oder erhalten möchte, so sollte der Fokus auch auf der Gesundheit und den gesunden Bereichen liegen – dies ist leider in unserem Gesundheitssystem eher selten der Fall. Bei der Klangmassage geht es darum, Erleichterung dort zu bekommen, wo man es am nötigsten braucht. Die Problembereiche sind oft von Zweifeln und Angst besetzt. Gerade bei (chronischen) Schmerzen verliert man schnell den Blick für das immer noch überwiegend Gesunde und Funktionsfähige. Oft werden nur noch die schmerzenden Körperpartien wahrgenommen. Die Klangschale ermöglicht es alleine durch ihren obertonreichen Klang, ein angenehmes Gefühl zu bekommen – den Körper wieder einmal angenehm wahrzunehmen. Zusätzlich wirkt noch die sanfte Massage der Klangschalenschwingung im Körper. Das Gefühl des Sich-Wohlfühlens wird gestärkt, sodass spielerisch immer mehr Harmonie auch in den betroffenen Bereich fließt und der gesunde Anteil mehr und mehr ausgebaut wird. Auf diese Weise kann die Schmerzspirale, die durch die gedankliche Pflege des Problems gefördert und gefestigt wurde, unterbrochen werden; »Zell-Erinnerungen« an die Zeit, in der noch alles in Ordnung war, werden wachgerufen. Mit der Klangmassage wird demnach in erster Linie das Gesunde gestärkt.

Dieses Prinzip sollte man bei der Selbstbehandlung einzelner Bereiche wie beispielsweise bei Spannungskopfschmerzen immer vor Augen haben. Nicht Patentrezepte sind hier gefragt; fragen Sie sich lieber: »Wie fühle ich mich wohl? Wie liege ich bequem? Kann ich in dieser Haltung die Klangschalen entspannt anschlagen?« Es geht darum, das Wohlfühlen zu genießen. In dieser Grundstimmung können Neuordnung und Heilung geschehen.

Arbeit mit der Universalschale

Bei den folgenden Behandlungsvorschlägen werden die Klangschalen des Therapiesatzes angegeben, wie sie auf Seite 20ff. beschrieben sind. Sie müssen jedoch nicht den gesamten Therapiesatz besitzen, um die beschriebenen Selbstbehandlungen durchzuführen. Sie können sich mit der Universalschale sowie mit drei unterschiedlichen Schlägeln behelfen.

Bei der Arbeit mit der Klangschale wird der Fokus auf das Gesunde gerichtet, da die Konzentration auf negative Dinge den Energiefluss noch weiter blockiert.

KÖRPERLICHE BESCHWERDEN

Statt der Beckenschale nehmen Sie die Universalschale mit dem großen Filzschlägel. So entlocken Sie der Schale hauptsächlich die tiefen Frequenzen. Statt der Herzschale schlagen Sie die Universalschale mit dem kleinen Filzschlägel an, sodass der hohe Frequenzbereich der Schale in den Vordergrund tritt. Zum Lösen von Verspannungen sowie für die Behandlung von Gelenken und Reflexzonen nehmen Sie die Universalschale und schlagen diese mit dem mittleren Filzschlägel an. So wird ein breites Frequenzspektrum von tiefen bis zu hohen Frequenzen erzeugt, wie es zum Lockern von Gelenken und für die Reflexzonen benötigt wird.

Schultern und Nacken sind bei vielen Menschen die am meisten verspannten Stellen des Körpers. Kein Wunder: Hier manifestieren sich Sorgen und Ängste, hier setzen sich Zweifel und andere negative Emotionen fest.

Schulter- und Nackenverspannungen lösen

Fast jeder kennt das: Tagtäglich sitzen wir – ob im Büro vor dem Computer oder abends vor dem Fernseher. Kein Wunder, dass Schultern und Nacken sich verspannen. In Stresssituationen sprechen wir davon, dass uns etwas »im Nacken sitzt« oder auf unseren »Schultern lastet«. Hier bietet die Klangmassage auf sanfte Art eine wohltuende Entspannung.

Schulterverspannungen

Die Schultern sind die Hauptbereiche des Körpers, auf die alle Probleme geladen werden. Vielen Menschen sieht man es förmlich an, dass sie eine Bürde auf ihren Schultern tragen. In Nepal herrscht die Vorstellung, dass sich böse Geister in dieser Partie einnisten und den Menschen quälen. Diese Geister können aber durch Klang vertrieben werden. Durch häufige Anwendung von Klangmassage haben die bösen Geister keine Lust mehr, sich an den Schultern festzubeißen. Eine schöne Vorstellung und eine wirkungsvolle Methode.

Die Schultern und den Rücken sollte man sich von der Partnerin bzw. vom Partner behandeln lassen. Die Person, die behandelt wird, liegt bequem in der Bauchlage. Eventuell können dort, wo es die Lage erleichtert, Kissen untergelegt werden. Die Person, die behandelt, sitzt bequem und entspannt seitlich neben dem »Patienten«.

Die Einstimmung und Entspannung erfolgt über eine Beckenschale bzw. die Universalschale, fern vom Problembereich auf der Mitte des Rückens. Der Klang wirkt in der Aura – in dem feinstofflichen Feld, das den Körper umgibt – und arbeitet sich in Richtung der Problemstelle vor.

Bei der Behandlung von Nacken- und Schulterverspannungen ist es wichtig, zunächst nicht direkt am Problembereich anzusetzen. Ist der Körper mithilfe der Klänge entspannt, kann man sich allmählich auch dem erkrankten Bereich nähern.

Die Klangschale wird sanft und regelmäßig im etwa Zehn-Sekunden-Abstand angeschlagen. Es entsteht eine angenehme Behandlungssituation, in der der Behandelte nur Rückmeldung zu geben braucht, wenn er Wünsche hat oder wenn Lösungsschmerzen auftreten. Schließlich schiebt man die Klangschale immer weiter zu der betreffenden Problemstelle. Zunächst steht die Universalschale zwischen den Schulterblättern und wird mit dem mittleren Filzschlägel angeschlagen. Dann wird die Schale zum Nacken gestellt. Dabei ist unbedingt darauf zu achten, dass die Klangschale nicht den Kopf berührt. In der Folge werden nun das rechte und anschließend das linke Schulterblatt behandelt. Sie beenden die Behandlung, indem die Klangschale zum Schluss noch einmal zwischen den Schulterblättern steht. Die Dauer der gesamten Klangmassage sollte nicht länger als 15 Minuten betragen.

Bei den ersten Behandlungen sollte man nur zwei bis drei Minuten direkt an den Problemstellen bleiben. Eine zu schnelle und tiefe Lösung der Blockaden oder Verspannungen führt zu ei-

KÖRPERLICHE BESCHWERDEN

ner Art Muskelkater, zu Lösungsschmerzen. Wenn dieser Lösungsschmerz nur kurz auftritt – bis maximal drei Stunden –, so ist das in Ordnung. Hält er länger an, empfindet das der Behandelte als unangenehm, und es wäre schade, wenn das Interesse an einer weiteren Klangentspannung verloren ginge.

Nackenverspannungen

Auch einen verspannten Nacken sollte man sich von der Partnerin bzw. vom Partner behandeln lassen. Die behandelte Person liegt wieder in entspannter Lage auf dem Bauch, der Behandelnde sitzt bequem daneben. In der hier vorgeschlagenen Behandlungsfolge werden Sie Ähnlichkeiten zur vorherigen erkennen. Sie können für sich und den Partner die einzelnen Klangelemente so variieren, dass sie sich für Sie angenehm anfühlen.

Falls Sie nur eine Universalschale, eine Klangschale mit sehr breitem Klangspektrum, besitzen, stellen Sie diese unterhalb des Nackens auf und schlagen sie sanft mit dem mittleren Filzschlägel etwa alle zehn Sekunden in Richtung der Problemzone an. Die Aura in diesem Bereich wird so wieder in die Ordnung gebracht. Die Klangschwingungen fließen sanft in den Nacken und lockern diesen Bereich. Nach und nach löst sich die Verspannung. Zum Schluss setzen Sie die Klangschale noch kurz direkt auf die Problemstelle. Die Lockerung des Bereichs erfolgt von der Mitte der Klangschale kreisförmig nach außen.

Haben Sie mehrere Schalen, so beginnt die Einstimmung mit der Beckenschale auf der Mitte des Rückens. Nach einer kurzen Einstimmung setzen Sie zusätzlich die zweite Schale für den

Gerade im Bereich der Schultern und des Nackens ist es hilfreich, sich vom Partner behandeln zu lassen, anstatt die Klangschalen selbst anzuwenden. Dies trägt zusätzlich zur Entspannung und damit zur Heilung bei.

56

BEHANDLUNG ÜBER DIE KÖRPERVORDERSEITE

oberen Körperbereich auf. Zwei Schalen, aufgesetzt und sanft angeschlagen, fördern die schnelle Entspannung und das Loslassen. Auch hier sollten Sie nur wenige Minuten mit den Klangschalen arbeiten.

Selbstbehandlung bei Schulter- und Nackenverspannungen

Es ist erstaunlich, auf welch kreative Lösungen die Menschen kommen, wenn sie bei starken Problemen im Bereich der Schultern und des Nackens Entspannung und Schmerzlinderung suchen. Häufig versuchen sie, auf dem Bauch liegend unter den seltsamsten Verrenkungen die Klangschale an die entsprechende Stelle zu bugsieren und sie anschließend anzuschlagen. Und noch erstaunlicher: Trotz der unbequemen Haltung wird sogar meist eine Entspannung und Schmerzlinderung erreicht!

Sie brauchen sich aber nicht so zu verrenken. Die Klangschalenschwingungen wirken tief in das Gewebe und in die Muskulatur hinein, sodass Sie Probleme im Rückenbereich auch über die Vorderseite des Körpers behandeln können.

Legen Sie sich bequem auf den Rücken. Eine entspannende Einstimmung erfolgt, indem Sie eine Becken- oder Universalschale zunächst auf den Solarplexus (Stelle oberhalb des Bauchnabels) stellen und die Klänge genießen. Anschließend kommt die Universalschale – mit dem mittleren Filzschlägel angeschlagen – zunächst auf das Brustbein, dann auf die Vorderseite des rechten Schultergelenks und dann auf das linke Schultergelenk. Sie können spüren, wie die Klangschwingungen auch den Schulterrücken erreichen und dort sanft lösend wirken. Zum Abschluss können Sie noch einmal die Klangschale auf den Solarplexus stellen. Bleiben Sie mit der Klangschale nicht länger als etwa zwei bis drei Minuten an jeder Stelle.

Wenn Sie bei der Klangmassage nur leichte Kleidung tragen bzw. die Klangschale direkt auf die Haut setzen, sollten Sie die Schale mit einer Wärmflasche leicht vorwärmen.

KÖRPERLICHE BESCHWERDEN

Kopfschmerzen lindern

Durch eine Klangmassage oder Nackenbehandlung mit Klang lösen sich auch Kopfschmerzen. Da wir heute oft sehr kopflastig und vernunftbetont leben und demgegenüber den Körper und das Gefühlsleben vernachlässigen, wird der Kopf von einer Vielzahl von Gedanken überfüllt und beansprucht. Diese Einseitigkeit in der Lebensweise lässt die Energiebahn zwischen Kopf und Solarplexus (Oberbauch und Sitz der Gefühle) verkümmern. Wichtigstes Ziel einer Klangmassage ist es in diesem Fall, sich von Verspannung, Krampf und Stress zu befreien und die Energien wieder in Fluss zu bringen.

Die Person, die behandelt wird, liegt in bequemer Lage auf dem Bauch. Von der Partnerin bzw. vom Partner wird die Beckenschale (alternativ die Universalschale, mit dem großen Filzschlägel angeschlagen) auf die Mitte des Rückens gestellt und sanft etwa alle zehn Sekunden angeschlagen. Der Klang soll zum Entspannen einladen. Falls Sie eine zweite Schale haben, die für den oberen Körperbereich geeignet ist (Herzschale oder Universalschale) kommt diese nach etwa drei bis vier Minuten hinzu. Beide Klangschalen werden nacheinander in angenehmem Rhythmus angeschlagen. Die Person, die behandelt wird, entspannt sich allmählich tief.

Die Klangmassage im Nacken lockert auch den Ansatzbereich zum Kopf und lässt die Energiebahn zwischen Kopf und Solarplexus frei werden. Angestaute Energie kann abfließen, der Kopf wird frei, und dadurch vergehen häufig auch die Kopfschmerzen.

Selbstbehandlung bei Kopfschmerzen

Falls Sie gerade keine Unterstützung durch eine zweite Person haben, können Sie sich selbst helfen, indem Sie die Behandlung auf der Vorderseite des Körpers durchführen. Sie können da-

Info

Bleiben Kopfschmerzen über einen längeren Zeitraum hinweg bestehen, sollte unbedingt ein Arzt aufgesucht werden, um der Ursache auf den Grund zu gehen. Neben Verspannung und Stress können auch organische Veränderungen ein Grund für Kopfschmerzen sein.

bei ähnlich vorgehen wie beim vorangegangenen Behandlungsvorschlag beschrieben (siehe S. 57). Ebenfalls wirkungsvoll ist die Tiefenentspannung durch Klang: Auf diese Weise wird Stress abgebaut, und Kopfdruck sowie Kopfschmerzen verschwinden.

Bluthochdruck senken

Dass unter Anstrengung und starker Belastung der Blutdruck ansteigt, ist eigentlich eine normale Reaktion des Körpers. Manche Menschen haben allerdings auch im Ruhezustand einen andauernden hohen Blutdruck; Mediziner sprechen in diesem Fall von einer Hypertonie. Oft neigen besonders stressgeplagte Menschen zu Bluthochdruck. Hier vermag eine Klangmeditation oder auch eine Klangmassage zu helfen. Sie können den Heilungsprozess leicht selbst unterstützten. Dazu brauchen Sie eine Universalschale mit einem breiten Klangspektrum.

Zur Einstimmung stellen Sie zunächst die Universalschale auf den Solarplexus, um so zur Entspannung zu kommen. Dann stellen Sie diese zunächst auf den rechten Handteller und schlagen sie mit der linken Hand einige Male sacht an. Genießen Sie es, wie der Klang sanft in den Handteller hineinfließt und sich von dort ausbreitet. Der gesamte Körper sowie Geist und Seele entspannen sich, Stress wird abgebaut. Nach etwa zwei Minuten wechseln Sie die Seite und führen die Klangmassage auf dem linken Handteller durch.

Wer sich einige Minuten mehr gönnen will, kann die Behandlung folgendermaßen erweitern: Die Klangschale wird zwei Minuten auf den rechten Handteller gestellt und angeschlagen, dann zwei Minuten auf die rechten Fingerkuppen. Hier befinden sich die Endpunkte der Hauptmeridiane, die durch den Klang sanft harmonisiert werden. Diese Energiebahnen durchziehen den gesamten Körper und versorgen ihn mit den not-

Menschen, die ständigem Stress ausgesetzt sind, leiden besonders häufig unter Bluthochdruck. Durch Entspannung mittels einer Klangmassage kann hier gut Abhilfe geschaffen werden – auch in Kombination mit einer schulmedizinischen Behandlung.

KÖRPERLICHE BESCHWERDEN

wendigen Energien. Ebenso wie zuvor mit der rechten, verfahren Sie anschließend mit der linken Hand.

Wenn Sie diese Klangübungen täglich anwenden, können Sie Ihren stressbedingten Blutdruck wieder auf ein normales Niveau bringen. Auch bei einem niedrigen Blutdruck können Sie so verfahren, denn durch die Klangmassage wird der normale Zustand im Körper erreicht – egal, ob der Ausgangspunkt ein zu hoher oder ein zu niedriger Blutdruck ist. Bei zu niedrigem Blutdruck sollten Sie bei den ersten Behandlungen eine längere Tiefenentspannung vermeiden.

Auch wenn andere Bereiche behandelt werden, kann es bei der Klangmassage zu Geräuschen im Magen-Darm-Trakt kommen. Dies ist ein positives Zeichen: Der Körper entspannt sich und lässt los.

Verdauungsstörungen beheben

Nach einer Klangmassage stellen meine Klienten häufig fest, dass Verdauungsprobleme wie etwa Verstopfung oder Blähungen verschwunden sind. Deswegen gebe ich Ihnen an dieser Stelle auch einen Hinweis auf eine entsprechende Behandlung, die Sie selbst durchführen können. Bei Verdauungsstörungen können Solarplexus und Magenbereich durch Aufsetzen und sanftes Anschlagen einer Klangschale wieder in Harmonie gebracht werden.

Nehmen Sie dazu eine Beckenschale bzw. eine Universalschale. Sie liegen in bequemer Lage auf dem Rücken – wenn Sie es wünschen, unterstützt von einem Kissen. Stellen Sie die Klangschale auf Ihren Bauch, und schlagen Sie sie sanft mit den Fingerkuppen oder einem weichen Filzschlägel an. Genießen Sie die Klänge und die lösende Wirkung dieser Massage. Je nach Wunsch verschieben Sie nach und nach die Klangschale im Bereich des Solarplexus. Haben Sie eine neue Stelle gefunden, nehmen Sie sich Zeit, die Wirkung der Klänge erneut zu spüren. Auf jeder Stelle können Sie einige Zeit verweilen (etwa drei Minuten). Schlagen Sie die Schale auch hier ungefähr im Zehn-Sekunden-Rhythmus an.

ANREGUNG DES MAGEN-DARM-TRAKTS

Schon bei der ersten Klangmassage sind häufig Magen- und Darmgeräusche zu hören – ein Zeichen dafür, dass Magen und Darm zu arbeiten beginnen. Meist folgt kurze Zeit danach der Gang zur Toilette.

Unterleibsbeschwerden behandeln

Viele Frauen leiden vor und während der Menstruationsblutung an Unterleibsschmerzen – einige sogar so stark, dass sie sich regelrecht krank und im Tagesablauf, z. B. im Beruf, erheblich beeinträchtigt fühlen. Eine Klangmassage kann hier auf natürliche Art und Weise helfen. Der folgende Rat stammt von einem Gynäkologen.

Die Behandlung sollten Sie am besten gleich bei ersten aufkommenden Schmerzen durchführen. Sie können das selbst machen, ein Partner oder eine Partnerin kann Ihnen dabei aber auch behilflich sein. Legen Sie sich bequem auf den Rücken. Eine tief klingende Beckenschale oder Universalschale wird nun auf den Unterleib gesetzt und sanft im Zehn-Sekunden-Rhythmus angeschlagen.

Bereits eine etwa fünfminütige Klangmassage löst Verspannungen und Krämpfe und damit die Schmerzen. Nehmen Sie sich unbedingt die Zeit, die wohltuende Wirkung der Klänge zu genießen.

Zur Behandlung von Durchblutungsstörungen sind auch die Fußmassage (siehe S. 62) und ein Fußbad geeignet.

Durchblutungsstörungen regulieren

Durchblutungsstörungen sind Beschwerden, die dadurch verursacht werden, dass bestimmte Organe oder Gewebe des Körpers nicht ausreichend mit Blut versorgt werden. Durchblutungsstörungen, die jeder gelegentlich an sich selbst kennen

KÖRPERLICHE BESCHWERDEN

gelernt hat, sind beispielsweise kalte Füße oder Hände; manche Menschen leiden allerdings auch länger anhaltend unter diesen Beschwerden. Nach einer Klangmassage haben Behandelte schon oft eine bessere Durchblutung festgestellt; meist haben sie nach einer Fußreflexzonenmassage mit Klang nach langer Zeit endlich wieder warme Füße.

Die Person, die behandelt wird, liegt bequem auf dem Bauch. Die Füße werden mit einem Kissen oder einer zusammengerollten Decke unterlegt. Der helfende Partner bzw. die Partnerin stellt zunächst eine Gelenkschale in die Fußmulde auf die rechten Fußreflexzonen und schlägt die Schale mehrere Minuten lang im Zehn-Sekunden-Rhythmus sanft an. Unterstützend kann die Klangschale mit zwei oder drei Fingerkuppen an ihrem Boden gehalten werden (diese Klangschalenhaltung bedarf allerdings einiger Übung, damit sie gut gelingt). Anschließend wird dasselbe auf den linken Fußreflexzonen wiederholt.

Zur Behandlung von Durchblutungsstörungen eignet sich auch eine Fußmassage mit Klang über die Fußballen. Diese Massage können Sie selbst durchführen: Sie sitzen bequem auf einem Stuhl oder in einem Sessel. Die Füße sind durch ein Kissen höher gestellt. Die Knie fallen leicht nach außen. Dadurch kippen die Füße so, dass Sie die Universalschale auf die beiden inneren Fußballen stellen können. Die Klangschale sollte so stehen, dass ihr Ton nicht gebremst wird. Schlagen Sie die Schale sanft etwa alle zehn Sekunden an. Die gesamte Behandlungsdauer beträgt etwa drei bis fünf Minuten.

An den inneren Fußballen befinden sich die Chakras, die Energieknotenpunkte des gesamten Körpers. Eine hier aufgesetzte Klangschale

Mit der Klangmassage über die Fußreflexzonen kann man jede andere Region des Körpers behandeln. Laut Traditioneller Chinesischer Medizin spiegeln sich in den Fußreflexzonen alle übrigen Körperbereiche.

bringt den Bereich in wohltuende Schwingungen. Über die Chakras erfährt der gesamte Körper eine Klangmassage.

Gelenkbeschwerden behandeln

Gelenke sind bevorzugte Bereiche, in denen sich Blockaden festsetzen. Bei Gelenkbeschwerden wirkt eine Klangmassage besonders gut und wohltuend. Sie lockert sanft und bringt die schmerzende Partie wieder in die Ordnung. Die Muskulatur wird beweglicher und stabiler und kann so die Gelenke besser schützen.

Besonders gut lässt sich ein schmerzendes Knie behandeln. Eine solche Klangmassage können Sie auch selbst durchführen. Setzen Sie sich dazu bequem auf einen Stuhl, das Bein ist leicht ausgestreckt und fällt etwas nach außen. Legen Sie die Universalschale zunächst oberhalb des Knies auf, und unterstützen Sie sie leicht mit zwei oder drei Fingern am Boden. Schlagen Sie die Schale nun immer zur Problemstelle hin an. Das Knie wird wohltuend mit sanften Klängen durchflutet. Probieren Sie gegebenenfalls aus, wo Sie die Schwingungen der Klangschale am besten spüren. Anschließend setzen Sie die Schale unterhalb des Knies auf und schlagen sie wiederum in Richtung Knie an.

Bei dieser Behandlung müssen Sie wahrscheinlich etwas länger experimentieren, bis Sie genau wissen, wie es geht, und Sie die richtige Methode für sich gefunden haben. Besser ist es, man lässt sich behandeln. Die behandelte Person liegt dann mit ausgestreckten Beinen auf einer bequemen Unterlage. Die Behandlung erfolgt sowohl in der Rücken- als auch in der Bauchlage. Die Klangschale wird genau wie bei der oben beschriebenen Selbstbehandlung erst oberhalb und dann unterhalb des Knies aufgesetzt und sanft in regelmäßigen Abständen zum Knie hin angeschlagen.

Ebenso wie bei Gelenkbeschwerden beschrieben, können Sie auch bei Tennisarm-Beschwerden vorgehen: zunächst die Klangschale oberhalb des Gelenks und danach unterhalb des Gelenks aufsetzen; die Anschlagsrichtung ist immer zur Problemstelle hin.

Anwendung in der Partnerschaft

Viele Übungen mit Klangschalen sind besonders wertvoll, wenn man sie sich in einer Partnerschaft gegenseitig schenkt. In einer harmonischen Partnerschaft sind natürlicherweise alle Voraussetzungen für eine in gegenseitiger Achtsamkeit und mit hoher Sensibilität geführte Klangmassage gegeben. Noch wertvoller ist die Klangmassage, wenn es in der Partnerschaft gerade nicht so ideal aussieht, sie zeitweise auseinanderläuft.

Klangübungen und Klangmassage haben den Vorteil, dass sie nonverbal beginnen können. Die Partner können sich dem reinigenden Klang hingeben. Alles Störende und Unharmonische bleibt dabei außen vor. Zusätzlich schafft der Klang eine Verbindung zu der Person, die behandelt wird. Klang gleicht aus, lässt kleinliche, egoistische Streitigkeiten vergessen. Klang gibt Überblick in einer schwierigen Situation und damit eine konstruktive Perspektive. Klangarbeit ist wundervoll für den Empfangenden und macht den Gebenden glücklich.

> Besonders wenn es in einer Partnerschaft vorübergehend einmal kriselt, können Klangübungen wie das Klanggeschenk und gegenseitige Klangmassagen hilfreich sein.

Sich gegenseitig unterstützen

Die gegenseitige Klanghilfe kann eine positive Unterstützung zur Lösung vieler kleinerer Alltagsprobleme sein. Dazu ein Beispiel: Ihr Partner bzw. Ihre Partnerin kommt jeden Abend von der Arbeit nach Hause und klagt über Nackenschmerzen. Handlungen, Äußerungen, Aktivitäten, Kommunikation und dergleichen werden automatisch durch diese Klage belastet. Eine lockere Umgangsweise miteinander sowie Freude aneinander finden bei dieser ständigen Belastung kaum noch Raum. Jede Tätigkeit, die verrichtet werden muss, bedeutet zusätzliche Anstrengung und Last.

EFFEKTIVE PARTNERSCHAFTSHILFE

Diese Stimmung belastet natürlich auch den Partner oder die Partnerin, der bzw. die nicht direkt helfen kann. Oft entsteht durch den Auslöser »Nackenschmerzen« eine Kettenreaktion, die den Boden für Streitigkeiten und gegenseitige Vorwürfe nährt. Beide Partner sehnen sich nach einem solchen Tag nach einer ruhigen Nacht, die Schmerzen und Streitigkeiten vergessen lässt. Die Stimmung des Tages jedoch lässt einem oft keine Ruhe, und auch die Nacht wird unruhig. Und dies wiederum ist eine schlechte Voraussetzung für den folgenden Tag. Möglicherweise ist dieses Beispiel etwas überzogen. Es zeigt jedoch, wie ein relativ kleines körperliches Problem eine massive Auswirkung auf den Alltag haben kann.

Alltagsprobleme durch Klang vertreiben

Der Abend kann aber auch ganz anders verlaufen. Beginnen wir noch einmal von vorn: Der Partner bzw. die Partnerin kommt mit Nackenschmerzen nach Hause. Es war ein anstrengender Tag. Die Last des Tages hat sich in der Nackenpartie festgesetzt.

Sie haben volles Verständnis für diese Probleme. Es gibt Raum zum Ankommen – vielleicht erzählt Ihr Partner oder Ihre Partnerin, wie die Probleme entstanden sind. Sie nehmen sich Zeit zum Zuhören und dann Zeit zur Entspannung; dazu schenken Sie dem anderen eine Klangmassage.

Ihr Partner oder Ihre Partnerin hat es sich bequem gemacht, liegt entspannt auf dem Bauch. Sie stellen einige Klangschalen, die gut zusammenklingen, um Ihren Partner oder Ihre Partnerin herum auf und schlagen sie sanft nacheinander an. Es entsteht ein sphärisches Klangfeld.

Der andere kann sich entspannen, loslassen. Die Klänge fließen in die Aura, sie lockern und harmonisieren. Über die Aura – den feinstofflichen, nicht sichtbaren Bereich, der uns umhüllt – erreichen die Klänge den Körper, der sanft massiert

> Ebenso wie Sie ein Geschenk für Ihren Partner liebevoll verpacken, können Sie auch bei der Partnerklangmassage eine noch behaglichere Atmosphäre schaffen, indem Sie beispielsweise eine Duftlampe aufstellen, Räucherstäbchen anzünden oder den Raum in sanftes Kerzenlicht tauchen.

ANWENDUNG IN DER PARTNERSCHAFT

wird. Ihr Partner oder Ihre Partnerin fühlt sich wie in einem Klangbad, das trägt und Sicherheit gibt. Gefühle von Leichtigkeit und Weite kommen auf. Oft entstehen vor dem inneren Auge sehr farbenfrohe Bilder.

Sie stellen nun eine weitere Klangschale auf die Mitte des Rückens und schlagen diese im Zusammenspiel mit den anderen Schalen in Richtung des Nackens an. Die Klänge strömen sanft in den Körper hinein. Sie fließen stetig wohltuend und wellenförmig in den Problembereich und machen ihn frei. Sie ergänzen die Klänge, die von den seitlich aufgestellten Klangschalen kommen und die den Problemraum der Aura wie eine leichte Brise durchwehen. Auf diese Weise wird die Aura gereinigt und erfährt eine neue Ordnung.

Und wie geht es Ihnen selbst bei diesem Klanggeschenk? Sie sind mit Ihrer Achtsamkeit voll und ganz beim und im Geschehen. Die Klänge haben auch eine Wirkung auf Sie: Sie bereiten Ihnen Freude, sie geben Ihnen Sicherheit und Gelassenheit. Die Klänge und Schwingungen beider Körper und Auren verbinden sich in Harmonie. Sie bekommen das zurück, was Sie Ihrem Partner oder Ihrer Partnerin geschenkt haben. Eine wertvolle Erfahrung, wie schön Schenken sein kann!

Optimal ist es, wenn Sie sich für diese Übung 30 Minuten Zeit nehmen. Im Ausklang lassen Sie dem anderen Raum zum Nachfühlen. Drängen Sie ihn nicht, sich spontan zu äußern, lassen Sie die Klangmassage angenehm nachwirken. Nach einer solchen gemeinsamen Erfahrung ist es auch besonders schön, bequem zusammenzuliegen und die Klänge, die im Körper weiterhin aktiv sind, ausklingen zu lassen. Auch so kann ein arbeitsreicher und stressiger Tag aufgefangen werden.

Eine Partner-Klangmassage gehört zu den schönsten Geschenken, die Sie sich gegenseitig machen können. Hier verbindet sich das durch den Klang zum Ausdruck kommende Urvertrauen mit dem Vertrauen zum Partner.

Klang gegen Potenzstörungen

Manchmal hat die entspannende Klangarbeit eine besonders schöne Nebenwirkung: Mehrfach ist die Erfahrung gemacht worden, dass sich Potenzstörungen bei Männern gelöst haben. Der Klang befreit den Partner von Ängsten, gibt Vertrauen und Sicherheit. Wird die Klangarbeit in der Partnerschaft durchgeführt, so geben die verbindenden Klänge zusätzliches Vertrauen und Harmonie – die beste Grundlage für ein gemeinsames erotisches Geschehen(lassen) ohne Krampf, Leistungsdruck und Versagensängste.

Gegenseitiges Klanggeschenk

Ein gegenseitiges Klanggeschenk dient der Reinigung, der energetischen Stärkung und der gemeinsamen Harmonie. Sie können es folgendermaßen vollziehen: Die Partner sitzen sich bequem gegenüber – so, dass sie sich körperlich nicht einengen. Bewährt hat sich das Sitzen auf einem Meditationskissen. Zwischen ihnen stehen ein bis vier Klangschalen, die im Klang gut zueinander passen. Einer der Partner beginnt, dem anderen aus einer oder mehreren Klangschalen Töne zu schenken. Der andere kommt mit in das Spiel und gibt Klang. Aus den Schalen entsteht ein gemeinsames Klangfeld.

Hinter dem Klanggeschenk stehen die folgenden Ideen und Wirkungsweisen:

- Der eine schenkt dem anderen im Spielen wundervolle, schöne Klänge.
- Die Klänge beider finden einen harmonischen Rhythmus.
- Die gemeinsamen Klänge wirken reinigend, lassen Altes und Verhärtetes abfließen. Mit dem reinigenden Fluss werden beide Partner energetisch neu aufgeladen.
- In diesem freien Sein ist jeder gestärkt und kann dem Partner so seine Achtsamkeit geben.

Die Ärztin, Gestalt- und Musiktherapeutin (BVM) Christine Vogel aus Berlin hat in der Klangarbeit mit Frauen, die bislang kinderlos blieben, einige positive Erfahrungen gemacht. In verschiedenen Fällen wurde eine Schwangerschaft möglich.

ANWENDUNG IN DER PARTNERSCHAFT

- Es entsteht eine Gemeinsamkeit zwischen den Partnern, getragen durch das Schenken.
- Jeder ist zugleich Schenkender und Beschenkter.
- Die Klänge steigen auf der Vorderseite des Körpers hoch. Dort liegen die Hauptmeridiane, d. h. die zentralen Energiekanäle, die durch die Klänge gereinigt, mit neuer Energie gefüllt und gestärkt werden.

Nach einiger Zeit (etwa 15 bis 20 Minuten) klingen die Klangschalen langsam aus. Danach sollten Sie sich noch drei bis fünf Minuten Zeit lassen, um das gemeinsam entstandene Gefühl wahrzunehmen.

Die Klangmassage wirkt sich auch positiv auf den Partner aus, der sie durchführt – nicht zuletzt durch das schöne Gefühl, dem anderen etwas Gutes getan, ihm ein selbstloses Geschenk bereitet zu haben.

Klangmeditation für Partner oder Partnerin

Auch eine Klangmeditation ist ein schönes Geschenk an den Partner oder die Partnerin. Sie reinigt von der Last des Alltags, bringt Entspannung und fördert kreative Lösungen. Im Folgenden wird beschrieben, wie eine solche Klangmeditation ausgeführt werden kann. Der Partner, der die Klänge empfängt, liegt in angenehmer Lage; der andere sitzt bequem neben ihm. Die Klangschale steht auf einer weichen Unterlage (beispielsweise einem Tuch oder einem kleinen Kissen) und kann bequem angeschlagen werden.

Der Anschlag ist sanft, je nach Gefühl etwa im Fünf-Sekunden-Takt. Stehen Ihnen zwei Klangschalen zur Verfügung, schlagen Sie diese im Wechsel an. Die im Folgenden hervorgehobenen Sätze überschreiben die einzelnen Meditationsabschnitte; sie werden in der Meditation nicht gesprochen. Die darunter stehenden Sätze sprechen Sie während der Meditation langsam und mit angenehm ruhiger Stimme. Die Gesamtdauer der Meditation beträgt rund 20 Minuten.

GEMEINSAM MEDITIEREN

Vorbereitung und Einstimmung

»Du machst es dir bequem – suchst für dich eine angenehme Lage. Du freust dich auf die Klänge, die ich dir schenke.«

Sie spüren mit den Klängen Ihren Körper

»Mit den Klängen spürst du deinen Körper – deine Atmung. In welchen Körperbereichen schwingen die Klänge besonders angenehm? Diese Bereiche sind besonders empfänglich für die Klangschwingungen. Du genießt hier die Schwingungen. Die Klangschwingungen breiten sich aus, sie werden weiter und weiter und fließen durch den gesamten Körper.«

Die Klänge reinigen Ihren Körper

»Ein reinigender Fluss durch den Körper entsteht. Du spürst deutlich, wie die Last des Tages von dir fällt, wie du freier und freier wirst – und weiter. Du genießt die Weite; sie gibt dir Übersicht und Weitblick.«

Sprechen Sie die Sätze der Klangmeditation mit angenehm ruhiger Stimme. Es ist sicherlich hilfreich, die Sätze vorher einmal zu üben und für sich selbst durchzugehen.

Sie finden die wichtige anstehende Aufgabe – und eine Lösung

»In dieser Stimmung können bei dir Ideen, Visionen entstehen. Was kannst du für dich tun, damit es deinem Körper, deiner Psyche und deiner Seele gut geht? Deine Aufmerksamkeit richtet sich auf ein Gebiet, für das du eine Lösung finden möchtest. In der Klangstimmung entsteht in dir eine Vision für die Lösung. Du siehst dich deutlich in diesem neuen Handeln. Du genießt diese neue Situation, bist ganz sicher, dass du sie erreichst. Jetzt werden dir die einzelnen Schritte deutlich, wie du dein Ziel erreichst – Schritt für Schritt. Du nimmst dir Zeit, dir die einzelnen Schritte auszumalen. Dafür gebe ich dir jetzt einen Klangraum von drei Minuten. Der Lösungsweg ist dir nun ganz deutlich.

Ich beende nun die Klangmeditation. Du spürst noch einige Minuten nach und freust dich auf die anstehende Aufgabe.«

SCHWANGERSCHAFT UND GEBURT

Schwangerschaft und Geburt

Loslassen und Geschehenlassen sind die wichtigsten Voraussetzungen für eine entspannte und entkrampfte Geburt, die sich wohl jede werdende Mutter wünscht. Das Festhalten an alten Mustern im Denken, Verhalten und Fühlen, die sich als körperliche und geistige Blockaden manifestieren, kann eine Geburt erschweren, ja blockieren. Die entspannende Wirkung der Klänge ist auch bei Schwangerschaft und Geburt hilfreich.

Das Loslassen bei der Geburt geht auch mit einem mentalen, geistigen Loslassen einher. Die Lockerung von Oberbauch, Bauch und Unterleib, die beim Geburtsvorgang besonders in Anspruch genommen werden, sollte mental unterstützt werden – etwa durch Affirmationen (siehe S. 71f.).

Entspannte Schwangerschaft, entkrampfte Geburt

Die Klangmassage hat sich aufgrund vieler guter Erfahrungen als ideales Mittel erwiesen, die Bereitschaft zum Loslassen zu erlangen und die Möglichkeiten einer fließenden Geburt zu unterstützen. Durch die Klänge von tibetischen Klangschalen wird der Körper der Schwangeren in harmonische Schwingungen versetzt. Es kommt schnell zu einer vertieften Atmung, die Frau verspürt große Ruhe und Zuversicht. Sie entspannt sich, und alte Blockaden können sich allmählich lösen.

Behandlung während der Schwangerschaft

Eine umfangreiche Klangmassage einer Schwangeren (40 bis 60 Minuten) sollte nur von einer in der Klangmassage ausgebildeten Person oder von einer Hebamme durchgeführt werden. Dabei gilt: Was der Mutter gut tut, tut auch dem Kind gut. Für die Klangmassage eignet sich eine tief klingende Bauch- und Beckenschale besonders. Auch eine Gelenkschale kann zum Einsatz kommen.

GUT FÜR MUTTER UND KIND

Bei einer Klangmassage zur Geburtsvorbereitung erfährt die Frau die wohltuende, lockernde Wirkung des Klangs. Sie stellt sich dabei vor, dass der Geburtsvorgang durch das sanfte Klingen unterstützt wird. Diese Vorstellung setzt sich im Unterbewussten fest und hilft ihr später bei der Geburt.

Die Kraft von Affirmationen nutzen

Im Zustand tiefer Entspannung, im so genannten Alpha-Zustand (siehe S. 38), bietet sich zusätzlich die Möglichkeit, durch Affirmationen (Befehle an das Unterbewusstsein) und Bejahung eine freie und fließende Geburt vorzubereiten – dies natürlich nur nach eingehender Absprache und vorhergehender Vereinbarung zwischen dem Behandelnden und der werdenden Mutter.

Im Zustand tiefer Entspannung können innere Bilder entstehen und wachsen, die den Ursprung vielleicht bestehender Blockaden aufzeigen. Diese Blockaden können nun ruhig und gelassen angeschaut und schließlich auch losgelassen werden. Körper und Geist werden dadurch frei und stellen sich auf eine entspannte Geburt ein. Diese kann jetzt nach den Vorstellungen ablaufen, die mithilfe der Affirmationen im Unterbewusstsein verankert worden sind.

Selbstbehandlung

Eine werdende Mutter sollte sich einer Hebamme anvertrauen. Auch in der Klangmassage Ausgebildete können eine Schwangerschaft hilfreich unterstützen. Möchte sich eine Frau selbst behandeln oder sich von ihrem Partner mit Klangschalen behandeln lassen, ist Folgendes zu beachten:

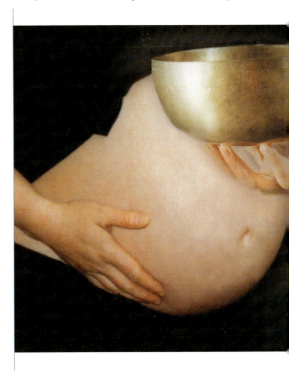

Klangmassagen in der Schwangerschaft können erheblich zu einer schmerzfreieren Geburt beitragen.

SCHWANGERSCHAFT UND GEBURT

Affirmationen zur Geburtsvorbereitung
- »Ich lasse geschehen.«
- »Ich lasse los.«
- »Ich bin ruhig und entspannt.«
- »Im richtigen Moment tue ich das Richtige.«
- »Die Geburt verläuft leicht.«
- »Ich freue mich auf unser Kind.«

Info

In den Hand- und Fußreflexzonen findet sich nach östlicher Auffassung der gesamte Körper wieder. Eine Klangbehandlung der Reflexzonen entspricht also einer Ganzkörperbehandlung. Die Behandlung über die Reflexzonen und Endpunktmeridiane ist indirekt und sanfter als die direkte Körperbehandlung. So wird ein sensibler Zugang zu den Problemzonen gefunden, die mit Vorsicht bedacht werden müssen.

- Während der ersten drei Monate sollte überhaupt keine Klangmassage am Körper erfolgen. Wenn Sie sich dennoch eine Klangmassage wünschen, sollte diese unbedingt von einer Hebamme vorgenommen werden.
- Endpunktmeridiane über die Fingerkuppen sowie die Hand- und Fußreflexzonen können behandelt werden.
- Bei der Behandlung muss der Bereich des Steißbeins am unteren Ende der Wirbelsäule ausgelassen werden.
- Bei der Massage des Körpers auf eine entspannte Lage achten. Kissen unterstützen ein angenehmes Liegen.
- Die Aufmerksamkeit liegt während der Klangmassagebehandlung ganz bei der werdenden Mutter. Der Grundsatz ist: Was der Mutter gut tut, tut auch dem Kind gut.

Entwicklung und Reifung

Schwangerschaft, Reifung des Kindes im Mutterleib und Geburt bieten für Frauen eine besonders gute Chance, selbst einen Erneuerungs-, Reinigungs- und Reifungsprozess zu durchlaufen. In Anbetracht des werdenden Lebens wird die eigene Lebensordnung neu überdacht. In dieser Rückschau kann Altes und Blockierendes aufgearbeitet werden.

Die Arbeit mit Klang bietet hierzu einen sanften Weg. Klang gibt Sicherheit, Überblick, Weitblick und Klarheit und dadurch den Mut, Probleme des eigenen Entwicklungsprozesses anzuschauen und zu erkennen.

Der ausgebildete Therapeut bzw. die Therapeutin setzt dazu verschiedene Methoden der Klangmassage ein. Beginnen wird er bzw. sie mit einer Klangmassage zur Entspannung, um Vertrauen zu schenken. In anschließenden Klang- und Fantasiereisen können Erlebnisse in Bildern aufkommen, die eventuelle (frühere) Probleme aufzeigen. Die Betrachtung dieser Bilder führt nicht zu einer tiefen Betroffenheit, sondern wirkt eher wie das distanzierte Anschauen eines Films und gibt auf diese Weise die Möglichkeit zu einer Auseinandersetzung.

Eine Mutter berichtet

Eine Mutter, die selbst in der Klangmassage und Klangpädagogik ausgebildet ist, berichtet über die Schwangerschaft und die Geburt ihres dritten Kindes:

»Wenn ich während meiner Schwangerschaft morgens, wie immer, meditierte und die Klangschalen dabei anschlug, war mir der Klang wie ein Weg, der mich zu meinem Kind führte [...]. Der Klang und die liebevolle Art, mit der er mein Herz berührte, hatte den Weg gebahnt, von meinem Herzen zum Herzen meines ungeborenen Kindes. Die Klangmassagen, die mir mein Mann während der Schwangerschaft gab, haben uns tief miteinander verbunden. Bei der Geburt spielte er für mich die Klangschalen und konnte so aktiv beteiligt sein [...]. Während der Wehen halfen mir die Klänge, mich nicht auf den Schmerz zu fokussieren. Stattdessen atmete ich in den Klang hinein [...]. Auch der Gong begleitete mein Kind mit seinem tiefen, vertrauten Klang wie ein alter Freund in diese Welt. Die Klänge, die mein Kind zusätzlich zur täglichen Babymassage erhält, beruhigen es und verbinden uns tief miteinander.«

Nach der Klangmassage können Erkenntnisse – wenn nötig – in einer Gesprächs- und / oder Gestalttherapie ergänzend aufgearbeitet werden. Die Begleitung dieses Prozesses gehört in die Hand eines ausgebildeten Therapeuten, der zum Beispiel die Weiterbildung Klangmassage-Therapie oder Klangpädagogik nach Peter Hess® absolviert hat.

Anwendung bei Kindern

In jedem Kind liegt der Same zur Entwicklung der eigenen positiven Persönlichkeit, zum freudigen, glücklichen, erfüllten und erfolgreichen Leben. Damit dieser Same wachsen und gedeihen kann, bedarf es eines fördernden Umfelds.

Die Basis für die gesunde Entwicklung und positive Gestaltung des Lebens ist ein stabiles Urvertrauen – und zwar sowohl in sich selbst als auch in die Umwelt. Das Kind braucht Sicherheit und Stärke, um Aufgaben anzugehen und lösen zu können. Das Lernfeld dazu beginnt in der Familie, geht über Kindergarten, Schule und Berufsfeld und mündet später wieder in einer eigenen Familie.

Klangschalen sind sicher kein Wundermittel; aber kreativ und freudig eingesetzt, bieten sie unzählige Möglichkeiten zur positiven Stärkung und Entwicklung. Wenn Eltern und Kinder sich spielerisch und kreativ mit Klangschalen beschäftigen, lösen sich auch die Eltern für diese Zeit aus den Alltagszwängen und gestalten mit den Kindern einen kommunikativen, kreativen, fördernden und stärkenden Raum, der auch die Eltern-Kind-Beziehung stärkt. Darüber hinaus können Klänge und Klangmassage aber auch gezielt zur Wahrnehmungsschulung, Lernunterstützung und Arbeit mit förderungsbedürftigen Kindern genutzt werden.

> Der Hörsinn – einer unserer wichtigsten Sinne – findet durch die akustische Reizüberflutung unserer Zeit oft zu wenig Beachtung. Durch das gezielte Erleben von Klang können Kinder wichtige und bereichernde Erfahrungen des Hörens und der Stille machen.

Klangschalen-Erfahrungen mit Kindern

Immer wieder berichten mir begeisterte Eltern und pädagogische Fachkräfte von den positiven Wirkungen, die Klangschalen auf die Kinder haben. Generell scheinen alle Kinder vom Klang und von den Schalen fasziniert zu sein. Bei Klangscha-

DIE POSITIVE ENTWICKLUNG FÖRDERN

len-Spielen sind sie in der Regel von der ersten bis letzten Minute voll dabei und widmen sich genussvoll dem Klang der Klangschalen.

Förderungsbedürftige Kinder werden durch die Arbeit mit Klangschalen ruhiger, ausdauernder, motivierter, in den Bewegungen ausgeglichener. Hyperaktive Kinder kommen zur Ruhe und genießen den Klang.

Drei Beispiele aus der Praxis

▪ Bei einem Kind, das unter starkem nervösem Augenzucken litt und bereits mit allen einschlägigen Therapien erfolglos behandelt wurde, vergingen nach einigen Klangsitzungen die Beschwerden nahezu völlig. Durch Stressabbau und Entwicklung der inneren Stärke verschwand die Nervosität.

▪ In der Arbeit mit einer Gruppe hyperkinetischer Kinder schaffte es ein zwölfjähriger Junge, allen sechs Gruppenmitgliedern einen Ton zu schenken. Der Ton musste völlig zum Ausklingen kommen, bevor sich der Junge an die nächste Person wandte. Während des etwa zwölfminütigen Geschehens hat er weder gesprochen noch hyperkinetische Bewegungen gemacht. Der Junge war mit Recht stolz auf sich.

▪ Ein zwölfjähriger Junge hatte häufig Bauchschmerzen, die durch den Stress in der Schule ausgelöst wurden. Die Mutter nahm sich vor dem Zu-Bett-Bringen täglich fünf bis zehn Minuten Zeit, stellte dem Jungen eine Becken- oder Universalschale auf den Bauch und schlug diese sanft an. Der Junge fand die Klänge und Schwingungen sehr angenehm, genoss diese und entspannte sich. Seine Atmung vertiefte sich, er konnte loslassen, fand wieder Vertrauen und glitt in einen tiefen, erholsamen Schlaf. Dadurch wurde er sicherer, der Schulstress ließ nach, und die Bauchschmerzen verschwanden. Mutter und Sohn erlebten etwas Schönes zusammen, ihre Beziehung wurde dadurch ebenfalls gestärkt.

Die Erlebnisse mit der Klangschale helfen den Kindern dabei, zu einer positiven Lebenseinstellung sowie zu einem guten und gestärkten Selbstbewusstsein zu gelangen.

ANWENDUNG BEI KINDERN

Erfahrungs-, Lern- und Wahrnehmungs- spiele mit Klangschalen

Die Klangschale – ein wunderbares Geschenk

Bereiten Sie die Kinder auf die Klangschale vor, und schaffen Sie so eine Voraussetzung dafür, dass sie die Schale als wertvoll achten. Beispielsweise können Sie die Klangschale in einem schönen Koffer verpackt nach Hause bzw. – etwa als Lehrerin oder Lehrer – mit in die Klasse bringen. Die Kinder betasten neugierig den mit Tüchern verhüllten Inhalt des Koffers und raten, was sich darin befindet. Dann wird das Geheimnis gelüftet. Was kann man mit einer solchen Metallschale alles anstellen? Die Kinder raten und probieren. Irgendwann entstehen Klänge, je nachdem, wie die Schale angefasst und angeschlagen wird, schnell abklingend oder weit auslaufend, laut, leise, stürmisch oder sanft. Die Kinder erfahren auf diese Weise die Möglichkeiten der Klanggestaltung.

Kinder können positive Erlebnisse mit Klang verankern und sie malen oder in einer Collage verarbeiten; das intensiviert die betreffende Situation und macht sie jederzeit wieder abrufbar.

Was Kinder mit Klängen verbinden – positive Erlebnisse verankern

Nun können Sie mit den Kindern über die Bewertung von Tönen sprechen. Fragen Sie beispielsweise: »Was verbindest du mit lauten oder mit hektisch aufeinander folgenden Tönen?« Die Bewertung ist in der Regel mit negativen Erlebnissen verbunden. Diese Erlebnisse können gemalt oder aufgeschrieben werden. In einem Ritual kann man später die Bilder und Zettel vernichten, damit sie nicht mehr existieren.

Es folgen weiche, leise Klänge. Fragen Sie wieder, was die Kinder mit den Klängen verbinden. Diesmal wird der Klang mit positiven, freudigen oder harmonischen Erlebnissen gleichgesetzt – diese können ebenfalls gemalt oder in eine Collage gebracht werden. Wenn das fertige Bild aufgehängt wird, erinnert es immer an die schönen Erlebnisse und Situationen. Schulkinder können die freudigen Situationen und Gedanken auch aufschreiben und z. B. in der Hosentasche bei sich tragen.

Besonders wirkungsvoll ist es, sich täglich eine schöne Situation auszusuchen, eventuell diesen Gedanken mit einem bestimmten Klang zu bedenken und sich während des Tages von einem besonderen Motto wie »Ich freue mich, Neues zu lernen« oder »Lernen macht mir Spaß« begleiten zu lassen.

Der Fantasie von Eltern, Erziehern und Lehrern sind keine Grenzen gesetzt, um Kindern den Klang näher zu bringen. Und die Erwachsenen berichten mit Freude und Begeisterung, dass dadurch auch die eigene Kreativität angeregt wird.

Aus der Stille zum Klang, vom Klang zur Stille

Das Hören ist eine unserer wichtigsten Wahrnehmungen, um uns in der Welt zurechtzufinden und mit anderen Menschen auszutauschen. Durch die permanente akustische Reizüberflutung und die Überbetonung des visuellen Sinnes, beispielsweise durch den täglichen Fernsehkonsum, stumpft dieser Sinn zunehmend ab.

Hören ist in unserer westlichen Welt oberflächlich geworden und geschieht meist nebenbei. Fordert man aber jemanden auf hinzuhören, hält er in der Regel mit seinen Beschäftigungen inne, und seine Konzentration fokussiert sich ganz auf diese Wahrnehmung – oft schließen wir dabei sogar die Augen, um mehr im Hören zu sein. Fordern wir jemanden auf, ganz dem Klang der Klangschale zu lauschen, sehen wir oft, dass dieser jemand seine Ohren mehr und mehr zu den Klangschalen wendet, die Ohren werden regelrecht zu »Lauschern«, und man sieht förmlich, wie der ganze Körper hört.

Aus dem Hören, Hinhören und Lauschen heraus können wunderbare Klangspiele entstehen, die den Hörsinn wieder stärken. Kreativität und Fantasie werden spielerisch gefordert und können sich freier entwickeln.

Dem Experimentieren mit der Klangschale sind keine Grenzen gesetzt. Sie können die Fantasie der Kinder mit den folgenden Fragen anregen:
• Woher kommt der Klang?
• Wohin geht der Klang?
• Kann man Klang verschenken?
• Kann man Klang stehlen?
• Kann man Klang in der Hosentasche mit sich herumtragen?

ANWENDUNG BEI KINDERN

Schulische Förderung

Für viele Kinder bedeutet die Schule Druck und Unsicherheit, manche leiden unter mangelnder Konzentrationsfähigkeit. Hier können Klangschalen von Eltern und Lehrern hilfreich eingesetzt werden.

Mit dem Klang der Klangschale können Raum und Bereitschaft entstehen, sich auf Aufgaben einzulassen und diese lösen zu wollen. Die Klänge wirken beruhigend, die Kinder entspannen sich. Entspannung ist eine zentrale Voraussetzung für freudiges, kreatives und effektives Lernen, denn unter Stress ist unser Gehirn nur begrenzt aufnahmefähig.

Vor einer Klassenarbeit etwa kann durch den beruhigenden Klang einer Klangschale eine kurze Einstimmung gegeben werden. Der dunkle Ton einer Klangschale beruhigt. Ein heller Ton erfrischt und bringt Konzentration und Klarheit. Die Information, die den Kindern durch den Klang vermittelt wird, kann z. B. sein »Ich fühle mich wohl« oder »Ich kann diese Aufgabe bewältigen«.

Viele Lehrerinnen und Lehrer berichten von guten Erfahrungen mit der Klangschalenarbeit in der Schule. So können die Kinder beispielsweise für eine Klassenarbeit motiviert und gestärkt werden.

Klangmassage mit förderungsbedürftigen Kindern

Die Zahl der Kinder, die »von der Norm abweichen« nimmt zu. Bei immer mehr Kindern sind Wahrnehmungsschwierigkeiten, Lernprobleme oder Verhaltensauffälligkeiten zu beobachten. Häufig manifestieren sich diese Probleme dann im zwischenmenschlichen, manchmal sogar auch im körperlichen Bereich.

Die gezielte Arbeit mit Klangschalen und Klangmassage gewinnt in diesem Bereich zunehmend an Bedeutung. Aufgrund ihrer vielfältigen Möglichkeiten zur Sinnesförderung, Interaktion und Kombination mit anderen Angeboten wie der Ergotherapie oder dem Snoezelen ist die Klangmassage nach Peter Hess® zu einem wichtigen Medium in vielen pädagogischen

Arbeitsfeldern geworden. Die Klänge der Klangschalen sind jenseits einer Wertung von musikalisch oder unmusikalisch, leicht zu erlernen und unabhängig von kognitiven Fähigkeiten vielseitig einsetzbar.

Klangschalen-Spiele

Zahlreiche Anregungen zu Klangschalen-Spielen finden Sie in »Klangschalen – mit allen Sinnen spielen und lernen« (Petra Emily Zurek und Peter Hess, 2005). Hieraus möchte ich Ihnen im Folgenden zwei Spiele vorstellen:

Ich schenke dir einen Klang

Fordern Sie das Kind auf, einem anderen Kind, den Eltern oder der Lehrerin einen Klang zu schenken. Es schlägt die Klangschale dann mit voller Aufmerksamkeit nur für den Beschenkten an. Dieser genießt den Klang, solange er ihn hört, und bedankt sich anschließend dafür. Das Kind lernt in diesem Spiel, sensibel mit dem Klang umzugehen. Außerdem werden Aufmerksamkeit und Achtung für den anderen entwickelt und gefördert. (Weitere Anregungen zu diesem Spiel finden Sie in »Ich schenke Dir einen Ton«, Meyberg, 1996)

Der Klang brummt durch viele Hände

Dieses Spiel ist besonders kommunikativ, fördert die Wahrnehmung und eignet sich gut für eine kleine Gruppe von vier bis sechs Kindern. Ein Kind stellt eine Klangschale, z. B. eine Universalschale, auf seine Hand und schlägt sie an. Nun legt das nächste Kind seine Hand unter die Hand des Kin-

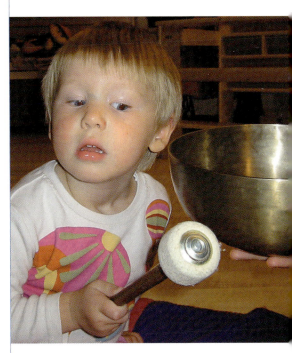

Kinder sind von Klangschalen im Allgemeinen fasziniert. Sie gehen gern auf Entdeckungsreise und schulen damit auch ihr Wahrnehmungsvermögen.

ANWENDUNG BEI KINDERN

des, das die Schale hält, und nimmt den Klang durch diese hindurch war. Auch die weiteren Kinder legen wieder je eine Hand darunter und fühlen, durch wie viele Hände hindurch die Klangschwingung zu spüren ist. Dabei wird die Klangschale immer wieder angetönt. Manchmal ist der Klang durch bis zu zehn Hände spürbar, und bei häufiger Wiederholung wird die Wahrnehmung für die Klangschwingungen immer feiner. Lassen Sie die Kinder dabei in der Position ihrer Hände im »Hand-Berg« variieren, sodass sie ein Gefühl für die damit verbundenen Unterschiede der Schwingungsintensität bekommen.

Bei dem Spiel »Der Klang brummt durch viele Hände« erfahren die Kinder den Zusammenhang von Klang und Schwingung gewissermaßen am eigenen Leib.

Klangmassage mit Kindern

Ab dem Kindergartenalter können Sie auch bei Kindern eine normale, jedoch in Umfang und Zeit eingeschränkte Klangmassage durchführen. Kinder genießen diese Zuwendung sehr und wünschen sie sich oft von ihren Eltern. Und häufig bekommen Väter und Mütter von ihren Kindern das wieder geschenkt, was sie ihnen in Zuneigung und Liebe gegeben haben: eine Klangmassage mit der gleichen Hingabe.

Bei der Klangmassage spürt das Kind in den Körper hinein, es fühlt ein angenehmes Vibrieren. Dies vermittelt ihm ein Gefühl für seinen Körper. Lassen Sie sich anschließend von Ihrem Kind berichten, was es während der Klangmassage empfunden und wie es die Eindrücke wahrgenommen hat. Es ist wichtig für das Kind, über die Erfahrungen zu sprechen. Es kommen Äußerungen wie »Es kribbelt schön von den Füßen bis zu den Haarspitzen.« oder »Mein ganzer Körper lacht.«.

Klang- und Fantasiereisen

Für Klang- und Fantasiereisen ist die Klangschale besonders gut geeignet. In dem durch den Klang herbeigeführten Entspannungszustand werden die Fantasiereisen tief erlebt – wie in einer Meditation. Sie bieten den Kindern die Möglichkeit, sich in einer Situation Entspannung zu gönnen, die zuvor durch Unruhe und Stress geprägt war. Zur Begleitung von Klang- und Fantasiereisen ist es gut, mindestens zwei Schalen zur Verfügung zu haben. Natürlich können Sie eine Geschichte auch mit nur einer Schale begleiten.

Die einfachste Form ist die Begleitung von Geschichten oder Märchen mit Klang, die dadurch viel intensiver und vielschichtiger wahrgenommen werden. Es können aber auch eigene kleine Geschichten mit persönlichen Informationen oder auch Lerninhalten für die Kinder mit Klang gestaltet werden. Viele Anregungen zu Klanggeschichten finden sie in »Im Land des Klangzaubers« (Martina Jaekel, 2006).

Klangpädagogik nach Peter Hess®

Aus den vielen positiven Erfahrungen mit den Klängen und der Klangmassage in verschiedenen pädagogischen Arbeitsfeldern hat sich in Zusammenarbeit mit der Pädagogin Petra Emily Zurek die Weiterbildung Klangpädagogik nach Peter Hess® entwickelt. Diese versteht sich als kreative Lern- und Lebensbegleitung und steht unter dem Motto »Lebenslanges Lernen – leben lernen«. Seminare aus der Klangpädagogik finden heute in ganz Deutschland, in Österreich sowie in Polen statt (siehe S. 94). Näheres über die Klangpädagogik finden Sie unter www.klangpaedagogik.de oder in der Dissertation von Christina Koller »Der Einsatz von Klängen in pädagogischen Arbeitsfeldern. Dargestellt am Beispiel der Klangpädagogik nach Peter Hess®« (Koller, 2007).

Mit Klang- und Fantasiereisen stoßen Sie bei Kindern allgemein auf großes Interesse. Kinder sind noch wesentlich neugieriger und offener als Erwachsene und lassen sich gerne auf solche Erfahrungen ein.

Klangmassage nach Peter Hess®

Für die Klangmassage nach Peter Hess® bedarf es einer besonderen Ausbildung. In der Hand von Spezialisten aus Heil- und Heilfachberufen kann das Instrument der Klangmassage besonders wertvoll sein, da sie diese zielgerichtet einzusetzen vermögen. Zudem hat sich die Klangmassage auch in verschiedenen Bereichen der Pädagogik, Beratung und Therapie als effektive Methode etabliert. Natürlich kann die Klangmassage auch innerhalb der Familie oder des Freundeskreises sowie zur Selbstbehandlung angewendet werden.

All diejenigen, die mit meiner Methode arbeiten, sind von den positiven Wirkungen und Möglichkeiten begeistert. In der Praxis gilt es, die Zielsetzung und Grenzen bei der Arbeit festzulegen und mit dem Klienten bzw. Patienten zu vereinbaren. Dies ist auch ein wichtiger Inhalt der Ausbildung.

Therapeut und Klient

Im Vorgespräch muss das Zusammenspiel zwischen der behandelnden Person und dem Klienten deutlich werden. Beide übernehmen ein hohes Maß an Verantwortung. Falls Probleme vorliegen, die in die Hände eines Arztes, Psychologen oder Psychiaters gehören, wird der Klient an diesen überwiesen, um vor einer weiteren Klangbehandlung die Beschwerden von medizinischer oder psychologischer Seite abklären zu lassen. Eventuell ergibt sich dann auch eine Zusammenarbeit mit dem behandelnden Arzt.

Sofern bei der Behandlung Schmerzen auftreten, muss der Klient diese sofort melden. Sie sind ein positives Zeichen, weil sich in diesem Fall blockierte Stellen lösen. Die Klangmassage nach

Info

Die Grundausbildung in Klangmassage nach Peter Hess® wird in einer 9-tägigen Intensivwoche oder alternativ in verschiedenen Abschnitten durchgeführt. Wichtig dabei sind die praktischen Erfahrungen, die die Teilnehmer machen und die durch die jahrelangen Erfahrungen der Ausbilder ergänzt werden. Danach kann die Klangmassage schon angewendet werden. In Supervisionsseminaren werden Erfahrungen und Wissen gefestigt.

PROFESSIONELLE BEHANDLUNG

Peter Hess® ist eine sanfte Methode, bei der Blockaden in mehreren Behandlungen nach und nach gelöst werden; sie dürfen nicht mit Gewalt »geknackt« werden.

Individueller Ablauf

Die von mir entwickelte Klangmassage folgt keinem Rezept, sondern wird immer unter Einhaltung bestimmter Prinzipien individuell auf den Klienten abgestimmt. Die Kunst einer guten Klangmassage liegt darin, dass der Behandelnde bzw. Therapeut dem Klienten mit den Klängen eine achtsame und sensible »Antwort« auf dessen Probleme gibt. Diese konkrete Antwort besteht aus der kreativen Zusammensetzung der einzelnen in der Ausbildung erlernten Elemente, d. h. der individuellen Abstimmung der Basisklangmassage auf die jeweilige Situation.

Es ist wichtig, dass der Behandlungsrahmen so beschaffen ist, dass sich sowohl Klient als auch behandelnde Person wohl fühlen. Dazu gehört ein angenehmes, einführendes Informationsgespräch, das für die Dauer der Behandlung – und darüber hinaus – neugierige Freude erzeugt.

Während der gesamten Behandlung ist auf eine bequeme und entspannte Lage des Klienten zu achten. Die behandelnde Person sollte ihrer Aufgabe mit großer Sensibilität nachkommen. Klangmassage ist eine in hohem Maße intuitive Tätigkeit. Bei der Behandlung von Problembereichen ist ganz besondere Vorsicht geboten. Diese sind zunächst immer nur indirekt anzugehen. Häufige Rückmeldungen sind daher notwendig.

Wie bereits erwähnt, wird in der Grundausbildung die Basisklangmassage erlernt, die jeder Behandlung zugrunde liegt und die von Klangmassage zu Klangmassage zunehmend auf die individuellen Bedürfnisse des Klienten bzw. Patienten abgestimmt und modifiziert wird.

> Vor der ersten Behandlung findet ein kurzes Informationsgespräch statt, in dem geklärt wird, ob das Problem, aufgrund dessen der Klient gekommen ist, in die Hand des Arztes gehört und ob die Klangmassage für den Klienten geeignet ist.

Basisklangmassage

Ein kurzes Einführungsgespräch stimmt Klient und Behandelnden auf die Klangmassage ein; Fragen und Erwartungen werden geklärt, Neugierde wird geweckt. Die Basisklangmassage erfolgt nach einem festgelegten Ablauf, wobei zuerst die Körperrückseite und anschließend die Körpervorderseite behandelt werden.

Nach der Behandlung, die etwa 40 Minuten dauert, ist Zeit zum Nachspüren, um das neue Körpergefühl zu genießen. Der Klient fühlt sich danach meist wie ein neuer Mensch – der Körper wird ganzheitlich als angenehme Schwingung empfunden, die Beschwerden sind häufig deutlich gemildert oder ganz verschwunden.

Begonnen wird an den Fußreflexzonen mit einer Gelenk- und Universalklangschale. Der Klient liegt entspannt auf dem Bauch. Jeder Fuß wird etwa drei Minuten beklangt. Anschließend wird der Rücken behandelt. Begonnen wird mit einer tiefen Beckenschale auf der Rückenmitte, dann werden der untere Lendenwirbelbereich, danach der Po und zusätzlich mit einer Herzschale der Nackenbereich mit den Klängen massiert.

Die Vibrationen der Klänge schwingen im Idealfall über Fußsohlen, Beine und Oberkörper bis hin zum Kopf und treten über die Haarspitzen wieder aus dem Körper aus. Die Wahrnehmung der Klangvibrationen kann gerade bei der ersten Klangmassage sehr stark variieren, Verspannungen und Blockaden können den Klangfluss stören. Die harmonische Klangvielfalt der Klangschale und ihre wohltuenden Vibrationen führen den Klienten schnell in die Entspannung. Verspannungen werden gelockert, Blockaden können sich sanft lösen. Allmählich können die Klangschwingungen immer freier im Körper fließen, die Wahrnehmung verfeinert sich.

Bevor zur Körpervorderseite gewechselt wird, werden auch die Extremitäten mit einbezogen. Nach einer kurzen Phase des Nachspürens dreht sich der Klient langsam um. Bei der Lagerung sollte darauf geachtet werden, dass vor allem Knie und Kopf gut abgestützt sind.

Auf der Körpervorderseite wird in der Mitte, auf dem Solarplexus (etwas über dem Bauchnabel) mit einer tiefen Be-

LOSLASSEN UND GESCHEHEN LASSEN

ckenschale begonnen und die Klangmassage nach und nach auf den Unterleib ausgedehnt. Die entspannende Wirkung der Klänge äußert sich in dieser Körperregion oft mit Darmgeräuschen, die ein gutes Zeichen für das Loslassen von Problemen sind und nicht unterdrückt werden sollten.

Durch eine zusätzliche Herzschale auf dem Brustbereich entsteht ein wohltuender Klangfluss im Körper. Der harmonische und beruhigende Zusammenklang der aufeinander abgestimmten Schalen schafft eine angenehme Atmosphäre und einen sicheren Rahmen, in dem Loslassen geschehen kann und das Gefühl von Vertrauen und Zuversicht wieder Raum gewinnt. Der Klient genießt die Klangschwingungen, die seinen ganzen Körper durchströmen. Geschehen lassen, unangenehme Probleme loslassen – das fällt leicht. Ordnung und Harmonie kehren wieder ein.

Durch die Klangmassage ist der Klient in einem Zustand tiefer Entspannung. Um wieder ins aktive Tagesbewusstsein zurückzukehren, wird am Ende der Behandlung eine Beckenschale vor den Füßen angeschlagen und der Klient dazu angeleitet, diese zu spüren und ins Hier und Jetzt zurückzukommen

Im Nachspüren kann das neu entstandene Körpergefühl genossen werden und sich festigen. Das Abschlussgespräch rundet die Klangmassage ab. Hier hat der Klient die Möglichkeit, sein Erleben zu schildern und Wünsche für die nächste Klangmassage zu äußern.

Alle Zellen im Körper sind durch die Klangmassage in eine angenehme Schwingung geraten, die noch mehrere Tage nachwirken kann. So können sich beispielsweise Muskelverhärtungen stetig und sanft lösen.

Es ist sinnvoll, Behandlungen im ein- bis zweiwöchigen Rhythmus zu wiederholen, um einen harmonischen, gesunden Zustand zu erreichen und zu erhalten. Meist reichen acht bis zehn Behandlungen aus.

Die Basisklangmassage bildet die Grundlage der individuellen Klangmassage. Eine detaillierte Beschreibung der Basisklangmassage finden Sie in meinem Buch »Die heilende Kraft der Klangmassage – Entspannung, Stress abbauen, Schmerz lösen mit Klangschalen«, Südwest 2006.

Mit Klangschalen die Aura stärken

Der Klang schützt, stärkt und heilt die Aura. Die Aura ist der nicht sichtbare Bereich um uns herum. Während im Fernen Osten traditionell mehr auf das Feinstoffliche geachtet wird, liegt im Westen die Aufmerksamkeit auf dem Materiellen. Das, was man ansehen, anfassen und messen kann, ist für uns existent. Dort setzen dann auch unsere Aktionen beispielsweise zur Heilung an. Der defekte Körper wird repariert, unsere Chemie mit Tabletten wieder in Ordnung gebracht.

Die östliche Vorstellung von der Krankheitsentwicklung geht vom feinstofflichen Bereich aus. Grund für Krankheit ist die Disharmonie, die zunächst in der Seele entsteht und dann Auswirkungen auf den feinstofflichen Bereich der Aura und Gesundheitsaura hat, bevor sie sich im stofflichen Bereich, dem Körper, manifestiert.

Wir könnten wahrscheinlich viele körperliche Krankheiten im Vorfeld vermeiden, wenn wir sensibel dafür wären, was sich in uns anbahnt. Denn bereits vor der Manifestation einer Krankheit auf körperlicher Ebene, kündigt sich diese schon in der Seele und in der Veränderung der Aura an. Wer sensibel für diesen Bereich ist, kann rechtzeitig gegensteuern.

Wer kann die Aura wahrnehmen?

Viele Menschen kennen die Aura nicht, sie ist deshalb für sie nicht existent. Normalerweise kann man sie nicht anfassen, nicht sehen und nicht messen – also hat sie auch unsere Aufmerksamkeit nicht verdient. Und doch gibt es Menschen, die die Aura mit dem Handteller spüren, mit dem Pendel wahrnehmen oder sie sogar sehen können. Grundsätzlich haben alle Menschen die Fähigkeit, die Aura wahrzunehmen und zu sehen. Diese Wahrnehmungsmöglichkeiten haben mit gewollter Aufmerksamkeit und Übung der Wahrnehmung für diese Bereiche zu tun. Gewöhnlich ist unsere Aufmerksamkeit nicht für diese Bereiche geschult, deshalb nehmen wir sie auch nicht wahr. Doch jeder, der sich darauf einlässt, kann seine Wahrnehmung erweitern und die Aura spüren oder sehen.

DIE WAHRNEHMUNG SCHULEN

Auch wenn wir über die Aura nichts wissen, äußern wir uns in bestimmten Situationen darüber. Wir sagen beispielsweise: »Rück mir nicht so nah auf den Pelz«, »Verletze meinen Raum nicht« oder »Es ist (un)angenehm, wenn ich in seiner Nähe bin«. Solche Äußerungen zeigen, dass ein Raum verletzt und angesprochen wird, den man sonst kaum wahrnimmt.

Die Aura – der schützende Pelz um uns

Die Vorstellung eines Pelzes erläutert sehr anschaulich, was die Aura für uns ist:

■ Ein Pelz gibt Schutz, z. B. gegen Kälte und Hitze sowie gegen Regen und Schnee.

■ Ein üppiger, gepflegter Pelz strahlt Gesundheit aus. Ein dünner, kranker Pelz spiegelt den angegriffenen Zustand des Körpers wider.

Im Osten schaut man zunächst auf den Pelz, die Aura. Der Zustand der Aura spiegelt den Zustand des Körpers wider. Selbst Krankheiten, die sich im Körper noch nicht manifestiert ha-

Bevor Krankheiten im Körper manifest werden, können Disharmonien in der Aura und der Gesundheitsaura festgestellt werden.

Die gesunde Aura

■ Eine gesunde Aura ist weit, füllig und gibt einen großen Schutzraum.

■ Ist die Aura gesund, strahlt sie eine wohltuende Energie aus.

■ Eine gesunde Aura ist im Aussehen stimmig und in den Farben harmonisch.

■ Eine gesunde Aura hat keine Farbverstimmungen und keine unstimmigen Farbanhäufungen.

■ Ist die Aura intakt, ist sie in sich rund, glatt und ohne Löcher, Berge oder Täler.

MIT KLANGSCHALEN DIE AURA STÄRKEN

ben, deuten sich in der Aura schon an. Konsequent beginnt dann auch die »Körperpflege«, das Auslösen des Gesundheitsprozesses in der Aura. Jede Veränderung deutet auf kommende oder schon manifestierte Krankheiten hin.

■ Eine zusammengefallene Aura zeigt ein niedriges Energieniveau und geringe Abwehrkräfte. Sie macht Krankheit deutlich.

■ Farbunstimmigkeiten und Disharmonien deuten auf entsprechende Krankheitsbereiche hin.

■ Farbkleckse und Farblöcher in der Aura zeigen Stellen von Blockaden.

Der österreichische Psychoanalytiker und Psychiater Wilhelm Reich, der zur gleichen Zeit wie Sigmund Freud arbeitete, nennt das Aurafeld, das sich etwa 40 bis 70 Zentimeter um den stofflichen Körper ausweitet, das Orgonfeld. Das Aura- oder Orgonfeld ist beim gesunden Menschen harmonisch gefüllt mit kosmischer Energie oder Lebensenergie, die Wilhelm Reich als Orgonenergie bezeichnet. Ist der Mensch krank, herrscht Disharmonie vor, und das Orgonfeld bricht zusammen. Indem das Orgonfeld wieder harmonisiert und mit kosmischer Energie aufgeladen wird, kehrt Gesundheit zurück.

Auraheilung durch den Phu-Baidya

In der traditionellen Heilweise des Ostens ist die Heilung der Aura häufig der Ansatz für Gesundungsprozesse. Ist die Aura in die Ordnung gebracht, wird der Körper auch wieder gesund. Das folgende Beispiel eines Heilungsprozesses bei mir, der hauptsächlich über die Aura geschah, macht das Prinzip deutlich. Bei einem Aufenthalt 1984 in Nepal hatte ich starke Probleme im Magen-

Einige Menschen können die Aura, die unseren Körper umgibt, als vielschichtiges und vielfarbiges Feld geradezu physisch wahrnehmen. Dazu bedarf es jedoch einiger Übung.

bereich, begleitet von Durchfall, Übelkeit und teilweise Fieber. Ich tat das, was wahrscheinlich jeder Tourist tut: Ich nahm die Medizin, die bei solchen Fällen empfohlen wird und im Heilungsprozess dort ansetzt, wo Krankheit manifest ist – im Körper. Tagelanges Einnehmen half aber nicht. Über einen Freund hatte ich die alternative Heilmethode des Phu-Baidya (Phu = die Puste, Baidya = traditioneller Arzt; also: »der Krankheitswegpuster«) kennen gelernt. Ich konsultierte ihn mehr aus Neugierde als aus Glauben an eine Heilung.

Die ersten Handlungen des Phu-Baidya waren Heilungsvorgänge in der Aura, wie das kräftige Ausfegen der Aura mit einem Grasbesen. Dadurch werden Unrat und Dreck aus der Aura gefegt, Verfestigungen werden gelöst, die Farben neu aufgemischt, die Auraschwingungen wieder in Harmonie gebracht. Eine weitere Reinigung war das Absaugen von krank machenden Schwingungen und das Hineinpusten von Heilschwingungen. Dieses sind grundlegende Heilmethoden in der Aura. Weitere Heilrituale waren die Behandlung der Wohnung mit bestimmtem Räucherwerk und ein Opfergang zu einem speziellen »Heilplatz«.

Der Erfolg der Behandlung bei mir war, dass meine Krankheit und die Disharmonie allein schon durch die Heilung in der Aura verschwanden. Was ich durch tagelanges Einnehmen von Tabletten nicht erreicht hatte, erledigte der Phu-Baidya durch seinen »Hokuspokus« in einem 30-minütigen Ritual.

Unterstützt wird die Harmonisierung der Aura durch das Singen von Mantras. Ein Mantra wird beispielsweise für eine gezielte Heilung benutzt. Das Mantrawort hat keinen kognitiven Sinn, beinhaltet aber genau die Schwingung, die zur Heilung des entsprechenden Bereichs benötigt wird und diesen Bereich wieder in Harmonie bringt.

Harmonisierung der Aura durch Klang

Der Phu-Baidya bringt die Aura durch Singen von Mantras wieder in Harmonie, wir nehmen dazu die Klangschalen. Auch wenn wir »nur« mit den Klangschalen auf dem Körper arbeiten, hat dies eine harmonisierende Wirkung auf die Aura. In der gezielten Arbeit werden für den gestörten Bereich Klangschalen mit entsprechenden Klängen benutzt. Die Bereiche, die wieder ihre Harmonie finden sollen, werden so mit den Klängen beschallt, dass dies reinigend wirkt und dass wieder Einklang einkehrt.

Auf den traditionellen Gongs in China steht auf der einen Seite »Das Böse geht« und auf der anderen Seite »Das Gute kommt«. Dieses Prinzip gilt auch für den Heilungsprozess: Zunächst muss die Aura von dem befreit werden, was Unordnung schafft und krank macht. Das gibt Raum für energetische Stärkung und Heilkräfte. Dieser wird, unterstützt durch die harmonischen Klänge, wieder mit positiven Energien gefüllt.

Reinigen und Stärken der Aura

Die Reinigung der Aura kann u. a. mit Klängen der Klangschalen geschehen, die obertonreich sind und das gesamte Frequenzspektrum des Körpers ansprechen. Hier einige wichtige Hinweise für die entsprechende Anwendung.

Die zu behandelnde Person liegt bequem auf dem Bauch oder sitzt entspannt auf einem Stuhl. Die Person, die behandelt, schlägt die Klangschale etwa 30 Zentimeter oberhalb des Kopfes an und führt sie dann langsam in etwa 15 bis 20 Zentimeter Abstand vom Körper am Rücken entlang, vom Kopf über die Wirbelsäule an den Beinen entlang bis etwa 30 Zentimeter außerhalb der Füße. Die Klangschale klingt dort aus. Diese Bewegung wird drei- bis fünfmal wiederholt. Anschließend erfolgt dieselbe Bewegung über die Körpervorderseite. Damit werden belastende, krankheitsfördernde Schwingungen aus der Aura herausgenommen. In der östlichen Sprache ausgedrückt: Die bösen Geister werden vertrieben. Der Pelz, das Fell, ist frisch aufgemischt und Unrat daraus beseitigt. Die Aura ist frei, um Neues aufzunehmen.

Bitte beachten Sie:
• Die Reinigung der Aura geschieht von oben nach unten.
• Die Stärkung der Aura erfolgt von unten nach oben.

REINIGENDER KLANGFLUSS

Das Gute kommt – mit dem Klang der Klangschale wird die Aura nun mit stärkenden, harmonischen Klängen gefüllt. Hierzu führen sie dieselbe Bewegung wie eben beschrieben aus, jedoch nun von unten nach oben. Mit diesen Klängen kommt die Aura wieder in Harmonie, bekommt einen starken Wohlklang und eine harmonische Farbe.

Reinigende und ordnende Klangfülle

Wer mehrere Klangschalen zur Verfügung hat, kann sich das wunderbare Erlebnis gönnen, sich von reinigender und ordnender Klangfülle umhüllen zu lassen. Am besten lässt man sich von einem Partner behandeln.

Man setzt sich, wenn möglich, in meditativer Haltung (Lotossitz) bequem auf den Boden. Ist das Sitzen im Lotossitz aufgrund von Knieproblemen oder ähnlichen Beschwerden nicht möglich, sollte eine andere bequeme Sitzhaltung gefunden werden. Die Klangschalen werden in einem Abstand von etwa drei bis fünf Zentimetern um den Körper herum platziert. Die Schalen stehen auf einer weichen Unterlage, sodass ihre Klänge leicht gedämpft sind. Vor und hinter dem Körper befindet sich jeweils eine Schale mit einem tiefen Ton. Die restlichen Schalen werden dazwischen positioniert. Die Töne der Klangschalen sollten untereinander harmonisch klingen.

Nun werden die Schalen spielerisch nacheinander angeschlagen, sodass ein angenehmes Klanggefüge entsteht. Die Behandlung sollte mindestens 15, idealerweise 25 Minuten dauern. Es entwickelt sich eine wundervolle Fülle sphärischer Klänge, die alle Töne enthält, die der Körper und die Aura mögen und auch brauchen.

In dieser Klangstimmung kann man schnell in den meditativen Zustand sinken. Wie durch einen angenehmen reinigenden Fluss fließen die Schwingungen durch die Aura. Sie lockern Verfestigungen und Blockaden, nehmen all den Unrat mit, der

> Das Füllen und Stärken der Aura von unten nach oben gibt Energie und wirkt sich ausgesprochen positiv für die Selbstheilungskräfte des Körpers aus.

MIT KLANGSCHALEN DIE AURA STÄRKEN

sonst krank macht oder schwächt. Der Auraraum füllt sich mit wohltuenden Energien und ist nun wieder stark genug, Selbstheilungskräfte zu entwickeln und schädlichen Einflüssen standzuhalten.

Körperliche Beschwerden

Auch körperliche Beschwerden wie Nackenverspannungen können über die Aura behandelt werden. Die Person liegt bequem auf dem Bauch oder sitzt in einer entspannten Haltung. Sie nehmen für die Nackenbehandlung eine Klangschale mit einem hohen Ton auf die Hand, schlagen diese an und bewegen sie leicht etwa 15 Zentimeter über dem Nacken.

Bei der Behandlung führen Sie die Klangschale um den Problembereich herum, sodass die Schwingungen diesen auffrischen und mit neuen energetischen Schwingungen füllen können. Diese Schwingungen erreichen die Nackenpartie und massieren diese sanft von außen. Folgende Bewegungsrichtungen haben sich bewährt:

- Von rechts nach links zur Mitte der Problemstelle, dann nach oben und unten zur Mitte – nach links – nach rechts usw.
- Kreisbewegungen um die Problemstelle herum
- Mit der Klangschale eine liegende Acht um die Problemstelle herumführen

In den Fuß- und Handreflexzonen ist der gesamte Körper gewissermaßen enthalten, er spiegelt sich in ihnen wider. Eine Behandlung dieser Bereiche spricht somit auch den ganzen Körper an.

Energiebahnen und Energiezentren

Entspannung über die Fuß- und Handreflexzonen

Neben der Aura gibt es noch Energiezentren und -bahnen, über die Sie effektiv sowohl den ganzen Körper als auch gezielt einzelne Organe erreichen können. Diese Energiezentren und -bahnen finden sich ebenso im Körper wie im Aurabereich.

Einige Male am Tag sollten Sie sich den Luxus gönnen, die Klangschale nacheinander auf beide Handflächen – die Handchakras – zu stellen und sie zwei- bis dreimal anzuschlagen. Die Klänge fließen so direkt in die Handreflexzonen und sprechen damit den gesamten Körper mit all seinen Organen an. Alle Zellen in der Hand geraten in eine angenehme Schwingung. Sie erfahren eine Klangmassage und spüren die reinigenden und ordnenden Schwingungen sowohl in den Handreflexzonen als auch im Körper. So kommen Sie in kurzer Zeit zu einer tiefen Entspannung. Diese Behandlung ist auch über die Fußreflexzonen möglich.

Reinigung der Meridiane

Ebenso effektiv ist die Reinigung der Meridiane. Meridiane sind Energiebahnen in unserem Körper, die an den Fingerspitzen enden. Wird dort eine Klangschale aufgesetzt, reinigt ihr Klang die Meridiane. Stellen Sie sich zum besseren Verständnis dieses Vorgangs ein verkalktes Rohr vor, durch das kaum noch Wasser fließt. Versetzt man das Rohr in Schwingung, löst sich der Kalk, das Rohr wird wieder frei, und das Wasser kann ungehindert fließen. Im feinstofflichen Bereich, der Aura, befinden sich zentral im vorderen Körperbereich und im Rücken die Hauptmeridiane, die Sie durch Klang sehr wirkungsvoll reinigen und mit Lebensenergie versorgen können.

Sie können die Meridiane beispielsweise über die Fingerkuppen reinigen. An den sensiblen Fingerkuppen liegen die besonders empfindlichen Endpunkte der Meridiane. Stellen Sie die Klangschale zuerst auf die Fingerkuppen der einen, dann auf die der anderen Hand, und tönen Sie sie etwa fünf Minuten sanft an. Bei dieser Anwendung werden die Meridiane, die durch den Alltag belastet und gewissermaßen verschmutzt sind, wieder gereinigt. Die lebensnotwendige Energie kann wieder ungehindert fließen.

Die Chakras sind die Energiezentren, die Meridiane die Energiebahnen des Körpers. Mithilfe von Klang können sie aktiviert und gestärkt werden.

Kontaktadressen

Institut für Klang-Massage-Therapie
Ausbildung, Weiterbildung und
Fortbildung in der Klangmassage
nach Peter Hess®
Uenzer Dorfstr. 71
D-27305 Uenzen
Tel.: 0049 (0) 4252-939809
Fax: -3436
info@klang-massage-therapie.de
www.klang-massage-therapie.de

Europäischer Fachverband Klang-Massage-Therapie e.V.
Anschrift der Geschäftsstelle:
Dr. Christina M. Koller
Maximilianstrasse 2
D-93047 Regensburg
Tel.: 0049 (0) 941-5840480
Fax: -5840574
christina.koller@onlinehome.de
www.fachverband-klang.de

Verlag Peter Hess
Fachbuchverlag für Klangmassage,
Leitung: Ursel Mathew
Am Tiggelhoff 13
D-48465 Schüttorf
Tel. / Fax: 0049 (0) 5923-969629 ·
verlag-peterhess@online.de
www.verlag-peter-hess.de

Nepal Importe – peter hess products®-Therapieklangschale:
Uenzer Dorfstr. 71
D-27305 Uenzen
Tel.: 0049 (0) 4252-2411
Fax: -3436

info@nepal-importe.de
www.nepal-importe.de

Ausbildung in der Klangmassage nach Peter Hess® und peter hess products®-Therapieklangschalen im Ausland

Belgien
Francoise Depuydt
dekristalberg@skynet.be

Dänemark
NORDLYS CENTRET aps
nc@nordlys.dk
www.nordlys.dk

Griechenland
Nikos und Anna Rose Avramidis
Avramidis@online.de ·
www.ixos-masaz-therapeia.com

Luxemburg
Jean-Baptiste Steffen
jb.steffen@internet.lu

Niederlande
• Klankforum
Evelyn Namara und Rob de Reuver
evelyn@namara.info
www.klankforum.nl
• Klankkleur Instituut voor helnd
tekenen en klankmassage therapie
Erik Karsemeijer
info@klankkleur.nl
www.klankkleur.nl

Österreich
• Österreichisches Institut für
Klang-Massage-Therapie, Alexander Beutel

info@klangmassage-therapie.at
www.klangmassage-therapie.at
• Polyglobe Music Austria
office@polyglobemusic.at
www.klangmassage.at

Polen
Margarete Musiol
nadabrahma@o2.pl

Portugal
Elisabeth Dierlich und Ingrid
Ortelbach
ortelbach@portugalmail.com
www.klang-massage-therapie.ch

Schweden
Ina Kornfeld
ina.k@euromail.se
www.klangmassage.se

Schweiz
Institut für Klang-Massage-Therapie
Elisabeth Dierlich
kontakt@klang-massage-therapie.ch
www.klang-massage-therapie.ch

Ungarn
Zsuzsa Radnai
zsuzsaradnai@freemail.hu

USA
Telse Hunter
telsemerry@yahoo.com

Literatur

Avramidis, Anna Rose: Leander und die Klangschalen – oder wie man mit Klang Freunde finden kann. Verlag Peter Hess, Uenzen 2006.

Cramer, Friedrich: Die Symphonie des Lebendigen. Versuch einer allgemeinen Resonanztheorie. Insel, Frankfurt/Main 1998.

Hess, Peter: Klangmassage Meditation. CD. Polyglobe, Innsbruck 2001.

Hess, Peter (Hrsg.): Klang und Klangmassage in der Pädagogik – Klang und Klangmassage nach Peter Hess® in Kindergarten und Schule. Erfahrungsberichte. Verlag Peter Hess, Uenzen 2005.

Hess, Peter: Die heilende Kraft der Klangmassage. Südwest, München 2006.

Hess, Peter: Klangmassage nach Peter Hess® in der therapeutischen Praxis. (DVD). Verlag Peter Hess 2006

Hess, Peter/Koller, Christina (Hrsg.): Klang erfahren mit Klang professionell arbeiten. Erfahrungsberichte und theoretische Hintergründe vom 3. Klang-Kongress 2006. Verlag Peter Hess, Uenzen 2007.

Jaekel, Martina: Im Land des Klangzaubers. Verlag Peter Hess, Uenzen 2006.

Koller, Christina M.: Der Einsatz von Klängen in pädagogischen Arbeitsfeldern. Dargestellt am Beispiel der Klangpädagogik nach Peter Hess. Dr. Kovac, Hamburg 2007.

Lauterwasser, Alexander: Wasser Klang Bilder. Die schöpferische Musik des Weltalls. AT Verlag, Aarau und München 2003.

Lauterwasser, Alexander: Wasser Musik. Geheimnis und Schönheit im Zusammenspiel von Wasser- und Klangwellen. AT Verlag, Baden und München 2005.

Meyberg, Wolfgang: Ich schenke dir einen Ton. Ein Klangschalen Ritual. Grosser Bär, Hemmoor 1996.

Tomatis, Alfred: Der Klang des Universums. Vielfalt und Magie der Töne. Artemis und Winkler, Düsseldorf 1997.

Zurek, Petra Emily/Hess, Peter: Klangschalen – mit allen Sinnen spielen und lernen. Verlag Peter Hess, Uenzen 2005.

Zurek, Petra Emily/Hess, Peter: Klangschalen- Spiele DVD zum Buch Klangschalen – mit allen Sinnen spielen und lernen. Verlag Peter Hess, Uenzen 2000.

Register

Affirmationen 44f., 71f.
Alpha-Zustand 38, 46f., 71
Aura 65, 86ff.
Beckenschale, kleine/große 20, 23, 49, 58, 70, 84
Blockaden lösen 37f., 42, 47, 55, 70f., 83
Bluthochdruck (Hypertonie) 42, 59f.
Chakras 9, 13, 36, 62f.
Disharmonie 38, 86, 88f.
Durchblutungsstörungen 22, 49, 61f.
Entspannung 5, 39f., 43, 45ff., 50, 52, 57, 73, 78, 81, 84
Fuß-/Handreflexzonen(massage) 62, 72, 92f.
Gelenk(Universal)schale 20, 23, 53ff., 61f., 70, 84
Gelenkschmerzen 37f., 49, 54f., 63
Harmonie 5, 7f., 33, 38f., 47, 53, 60, 67, 85
Herzschale, kleine/große 21, 23, 85
Kinder und Klangschalen 5, 41, 74ff.
Klang-/Fantasiereisen 81

Klänge
– Wirkung 10f.
– Geschichte/Rituale 6ff.
Klangmassage nach Peter Hess® 82ff.
Klangmassage 19, 23ff., 33, 35ff., 40ff., 47ff., 51ff., 59, 63f., 66, 70ff., 80, 85
Klangpädagogik nach Peter Hess® 81
Klangschalen
– aus der Peter-Hess-Produktion 19ff.
– Auswahlkriterien 26
– Pflege 29ff.
– Anwendung 32ff.
– Materialien/Formen/Größen/Gewichte 15f.
– Ursprung 14f.
Klangschalenarten 16ff.
Klangschalenspiele 79f.
Kopfschmerzen 49, 53, 58f.
Körper/Geist/Seele 44, 46, 59, 69, 71
Lebensenergie 9ff., 13, 50, 88, 93
Mantras 6, 11, 89
Meditation 11f., 24, 41ff., 46, 49, 59, 68f.
Menstruationsbeschwerden 61
Meridiane 59, 68, 72, 93
Musik 8ff., 33

Nada Brahma (»Alles ist Klang«) 6, 32, 44, 47
Partnerschaft 5, 64ff.
Phu-Baidya 89
Potenzstörungen 67
Psyche 8, 13, 69
Puja, tibetisch-buddhistische Musikmeditation 5, 11f.
Reibeklöppel/Schlägel 27f.
Reinigung, energetische 50f.
Schwangerschaft/Geburt 67, 70ff.
Schwingung/Resonanz 32ff., 47
Selbstheilungskräfte 33f., 48
Solarplexus 9, 57ff., 84
Stress 11, 33, 37ff., 42, 49f., 54, 58ff., 75, 78, 81
Trance 12f., 40
Unterbewusstsein 44, 47, 71
Urvertrauen 38, 47, 52, 74
Verdauungsstörungen 9, 60f.
Verhärtungen/Verspannungen 37f., 49, 52, 54ff., 64f., 84, 92
Vibrieren/Vibrationen 8, 38, 47, 80, 84
Wasser-Klang-Bilder (Lauterwasser) 34ff.
Wechseljahrebeschwerden 50

ÜBER DIESES BUCH

Impressum
© 2007 by Südwest Verlag, einem Unternehmen der Verlagsgruppe Random House GmbH, 81673 München

Alle Rechte vorbehalten. Vollständige oder auszugsweise Reproduktion, gleich welcher Form (Fotokopie, Mikrofilm, elektronische Datenverarbeitung oder andere Verfahren), Vervielfältigung, Weitergabe von Vervielfältigungen nur mit schriftlicher Genehmigung des Verlags.

Redaktion
Dr. Ulrike Kretschmer, München
Projektleitung
Karin Stuhldreier
Bildredaktion
Dietlinde Orendi
Korrektorat
Susanne Langer, Traunstein
Umschlaggestaltung und Konzeption:
R.M.E. Eschlbeck/Kreuzer/Botzenhardt
DTP, Satz & Gesamtproducing
Dr. Alex Klubertanz, München
Herstellung
Sonja Storz
Druck und Bindung
Tesinka tiskarna

Gedruckt auf chlor- und säurearmem Papier

Printed in the Czech Republic

ISBN: 978-3-517-08367-4

817 2635 4453 6271

Über den Autor

Peter Hess, Jahrgang 1941, ist Diplomingenieur der Physikalischen Technik und Pädagoge. Seine ersten Kontakte mit Indien hatte er 1966 bei einer mehrmonatigen Reise. Anfang der 1980er Jahre beschäftigte er sich intensiv mit der Radiästhesie und führte eine Reihe von biophysikalischen und physikalischen Untersuchungen zu Orten der Kraft in Wales und Nepal durch. Seit 1984 erforscht er die Wirkung des Klangs auf den Menschen. Im selben Jahr begann er, mit Klangschalen zu arbeiten, und entwickelte die Klangmassage nach Peter Hess®, die er ab 1986 in seine Seminare integrierte. Peter Hess leitet das Institut für Klang-Massage-Therapie (www.klang-massage-therapie.de, www.peter-hess-institut.de).

Hinweis

Die Informationen in diesem Buch sind von Autor und Verlag sorgfältig erwogen und geprüft, dennoch kann eine Garantie nicht übernommen werden. Eine Haftung des Autors bzw. des Verlags und seiner Beauftragten für Personen-, Sach- und Vermögensschäden ist ausgeschlossen.

Bildnachweis

Archiv Peter Hess, Uenzen: 2, 3 li. (Ikaria) 12, 23, 30, 36 li. (Ikaria), 62, 71, 79, 80, U2, U3; defd, Hamburg: U1 (Lisa Martin); Getty Images, München: 7 (Hugh Sitton), 9 (Neil Emmerson); Jasmin Huber, Hotel »…liebes Rot-Flüh«, Tirol: 43; Jumpfoto, Hamburg: 3 r., 51 (A. Falck); Alexander Lauterwasser, Heiligenberg: 35 r., 35 Mi., 35 li., 36 r.; Mauritius images, Mittenwald: 55 (Dietmar Walser); Südwest Verlag, München: 3 Mi., 17, 20, 56, 66 (Michael Nagy), 21, 96 (Marcel Weber), 37 (Kraxenberg, lizenzfrei), 88 (Roger Kausch)